AWAY GAME

アウェイ・ゲーム

誰にも遠慮することなく、
最高の力を発揮する方法

ベライゾン取締役
シェリー・アーシャンボー
久木みほ 訳　ベン・ホロウィッツ 序文

Unapologetically Ambitious:
Take Risks, Break Barriers, and Create Success on Your Own Terms

アルク

目次

PART 1

若き日の気づき

PART 2

成功に向けた戦略づくり

PART 3

計画を実行する

PART 4

軌道修正

PART 5

成功確率を上げる

本文中の［ ］は訳注を表す。

序文

シェリー・アーシャンボーとの付き合いは、私が共同設立したラウドクラウドのマーケティング責任者として彼女を迎えたときに始まった。ラウドクラウドが私を含めた当時の経営陣の手にあまるほど成長していた時期であり、組織づくりのために、私自身よりも強力なリーダーシップの持ち主を必要としていた。シェリーはまさにうってつけの人物だった。在任中、シェリーは難しい決断をくだし、それを弁解がましくならず明確に伝えるすべを教えてくれた。いろいろな意味で、私がシェリーのメンターだったというよりも、その逆だったとするほうが正解ではないかと思う。

時が経ち、ラウドクラウドの事業が立ち行かなくなって、私とシェリーは別々に活躍の場を求めた。当時私は、どこであろうとも、シェリーを獲得できた企業は幸運に感謝すべきだと思っていた。

数カ月後に、ザップレットという企業のCEO職を検討していると、シェリーから告げられた。ザップレットの裏話を知っていた私は驚いた。シリコンバレーのスター経営者であるアラン・バラッツ率いるザップレットは、一時期テクノロジー界の寵児だった。バラッツは巨額の資金を調達し、メディアの注目をおおいに集めた。誰もがザップレットの大躍進を信じて疑わなかったが、すぐに資金を使い果たし、完全撤退寸前に陥った。破産を免れるため、大勢の社員をレイオフし、長い冬の終わりにたたき売りするように部門を閉鎖していった。

ザップレットのような企業は、急速に脚光を浴び、それ以上に急激に凋落したことが災いして、復活することはほとんどない。求職者や顧客、投資家にその会社が傷ものであることが知れわたり、新たにCEOが着任しても手のほどこしようがないのだ。私はシェリーにそのような泥沼に飛びこんでほしくはなかった。

私は、「シェリー、そのオファーは見送るべきだと思う」と伝えた。シェリーのボディランゲージから、私の言葉は聞こえたが従うつもりがないことは明らかだった。

シェリーから断固たるリアクションが返ってきたため、受けるべきではないと言っているつもりが、彼女には無理だと考えていると誤解されているのではないかと懸念した。しかし、話しあっていくうちに、シェリーは問題点をよく理解していたが、そういった問題を解決することこそが、彼女がCEOになりたいと考える理由なのだとわかった。

シェリーは、報酬の高さや名誉、単なるキャリアアップを目指していたのではない。究極の状況下で自身のリーダーシップを試したいと考えたのだ。偉大なボクサーが自身の強さを証明するために最強の対戦相手を望むようなものだった。ザップレットが直面していたとてつもないレベルの難局に、躊躇するどころか、魅力を感じていたようだ。

オファーを受諾したシェリーが見たザップレットは、前評判どおりだった。事前に彼女に警告しておいた100倍もの問題点が、シェリーを待っていた。しかし、ジョー・フレイジャーやジョージ・フォアマンと戦ったモハメド・アリのように、シェリーは必死にもがいて意志の力で勝利をもぎとった。彼女のおかげでザップレットは、テクノロジーや事業領域から社員のほとんどにいたるまで一新された。そしてメトリックストリームと合併し、今から14年以上前には押しも押されもしない業界リーダーへと成長した。

シェリーの人生、そして彼女が人生から得た気づきから見えてくる選択と野心を参考にすれば、われわれの人生はずっと素晴らしいものとなる。ただ有名になることが目的であれば、本書のメッセージは響かない。しかし、真に偉大なリーダーとなる野心をいだく人にとっては、またとない教科書となるだろう。

アンドリーセン・ホロウィッツ共同創業者兼ゼネラルパートナー　ベン・ホロウィッツ

はじめに

メトリックストリーム社の自分のオフィスで、私はその日の最初の会議の前にボイスメールのメッセージを処理しようとしていた。いつものように、どれも売り込みだった——誰に連絡していいかわからないため、とりあえずCEOにコンタクトしてくるのだ。私でなければならない用事のある者は、携帯電話にかけてくるか、メールを送ってくる。そこで私はあまり集中せず、売り込みであることを確認したらすぐに消去していた。私の視線は、角部屋のオフィスの窓のはるか向こうに延びるハイウェイ101で、どこかへ向かう車をぼんやりと追っていた。オフィスのドアの外では、社員たちが出社し、いつものように忙しい一日をスタートさせているのが聞こえた。何時になったのだろう？ 私は思ったが、時計を確認する前に、特徴のある声が頭の中に割り込んできた。「シェリー、ローウェル・マクアダムです」再生メッセージがこう告げた。

ローウェル・マクアダム。私は思った。どこかで聞いたような名前だけど。

「マーク・アンドリーセンから、紹介されました。連絡をいただけますか？」

マーク・アンドリーセン？　彼ならよく知っている。何の話だろう？

私はボイスメールの整理をやめると、コンピューターに向かった。検索したところ、ローウェル・マクアダムはフォーチュン誌による世界15位［執筆当時］の企業であるベライゾンの、まだ新任といっていいCEOだった。

そうね……ベライゾンは現顧客でも見込み客でもないのだから、この人物がメトリックストリームの仕事で私に連絡してくるはずはない。では、用件は何だろう？　マークはなぜ、彼に私を紹介したのだろう？　ヘッドハンティングか？　それとも講演の依頼なのか？

困惑した私は、マークに電話をした。

「良い話だよ、シェリー」マークは言った。「ローウェルは新しい取締役を探しているんだが、求めている条件がきみと合致するんだ。大きな部隊を率いた経験のある、テクノロジー企業の名の知られたCEOだ」

私は電話を切った。ベライゾンが取締役のポジションの件で、私に話がある？　笑みが浮かんだ。

高校3年生のとき、進路指導の先生との運命の会話で、私は自分のキャリアゴールを定めた。私はCEOになる。学生時代にその目標をブラッシュアップした。テクノロジー企業のCEOになる。実際にCEOになるまでの間に、CEOのさらに上の組織があることを知った。それが取締役会だ（CEOを任命し解任する権限をもち、株主が投資に見合った利益を得られるよう管理する）。

　メトリックストリームのCEOに着任してから10年が経ち、50歳を迎えた今、ベライゾンからお呼びがかかった。一瞬だけ躊躇した。フォーチュン50に名を連ねる企業の取締役が、私に務まるだろうか？　しかし、聞きおぼえのあるその声に、私はもはや耳をかさなかった。務まるか？　当然だ。これを目指して今まで努力してきたのだ。戦略的に計画し、自らを律し、大きなトレードオフをしてきたのが結実しただけだ。

　ローウェルと短い会話をして、私はこの話を受けたいと考えた。電話を切るとすぐ、このようなときはいつもそうするように、夫のスコッティに電話をし、嬉しいニュースをシェアした。

「何があったと思う？」スコッティが電話にでるなり、私は言った。

「何だい？」スコッティの声は期待でいっぱいだった。

「ベライゾンのローウェル・マクアダムと話したの」こう言いながら、笑顔にならずにはいられなかった。「取締役候補として考えたいんですって。もちろん審査はあるはずだけど、試してみようと思うの。どうなるかわからないけれど……」

　すると、私の一番の応援団であるスコッティは言った。「わからないって、どういう意味？

実際にきみと会えば、オファーがくるのはわかりきっているじゃないか」

スコッティは正しかった。

◆

50代のアフリカ系アメリカ人女性というのは、典型的なテクノロジー業界のリーダー像とはかけ離れている。そのため私は、数えきれないほどの人（特に女性や有色人種）から、こう聞かれてきた。成功の秘訣は何だったのですか？

読者のみなさんも、同じように思っているかもしれない。

質問に答える前に、私のルーツを少しお話ししたい。私は、あまり豊かではないが、大きな野心をもった家に、1962年に生まれた。人種差別に全米が目を向ける契機となったランチカウンターでの座りこみ［シット・イン運動］がまだ記憶に新しい頃であり、キング牧師がワシントン大行進で「私には夢がある」との演説を行う少し前のことだった。

私が5歳になるまでに、公民権法が議会を通過し、アラバマ州セルマのエドマンド・ペタス橋で武器を持たないデモ隊が容赦ない暴行を受け、投票権法によっていかなる投票権の制限も禁じられた。人種間の緊張は高まるいっぽうだった。このような時代に、意志の強固な私の両親は、家族の生計を立てるために、条件の良い仕事があればどこであろうと赴いた。

私自身はといえば、幼い頃はシャイでやせっぽちな、白人ばかりの小学校に通う唯一の黒人児童だったが、成績優秀な高校時代を経てウォートン校［ペンシルバニア大学ウォートン校］に進み、無事卒業した。人生を共に歩む素晴らしい男性に出会い、協力して家族をつくった。ＩＢＭで出世街道を駆け抜けた後、40歳になった２００３年には、テクノロジー業界では（極めて）数の少ないアフリカ系アメリカ人女性ＣＥＯとなった。ザップレットのＣＥＯとして、メトリックストリームとの合併を指揮し、合併後の新会社を率いてインターネットバブルの崩壊と２００８年の経済危機を乗り越えた。その後のメトリックストリームは従業員１０００人を超える業界リーダーへと成長した。そこに至るまでの間に、私は数えきれないほどの若者のメンターとなり、より良い社会（とりわけ人種的マイノリティと女性にとって）をつくるための組織・団体に参画してきた。

成功の秘訣は何か？　その質問に答えるために本書を執筆した――今日の私をつくった価値観、経験、気づき、アイデア、戦略、そして行動を網羅している。本書のエッセンスをひと言で表現するならば、野心（あらゆる段階で行ってきた意識的な選択に支えられた野心）こそが私の成功の秘訣だとするだろう。

成功とは、自分が何を望むかの明確化に始まり、そこに到達するための選択を重ねることに続く。みなさんは、私がある言葉を多用するのに気づかれただろう。それは選択である。

黒人の幼い少女に対して優しくはない世界で生きていくための基本的なスキルや気づきを、幼少期より両親から教わってきたおかげで、私は賢明な考え方を身につけることができた。**PART1「若き日の気づき」**で紹介するのが、その教えだ（私はその中のいくつかを現在も守っている）。

大学時代に決めた人生設計は、その後30年にわたって私の指針となった。これについては、**PART2「成功に向けた戦略づくり」**で紹介する。私は文字どおり、何もかもを事前に計画した。結婚や子育て、キャリアパス、果ては老後についても計画していた。どのようにしてリストアップしたすべて（ディテールに若干の変更はあったが）を達成したのか、そしてどうしたらみなさんも同様にできるのかを伝えたい。

PART3「計画を実行する」では、ビジネスパーソン、妻、そして母として自分の人生設計を実行していく中で、直面した課題や身につけた知恵について紹介する。すべての役割をこなすのは簡単ではない。しかし、自分の計画に沿って賢明な選択をすれば不可能でもない。

当然ながら、人生は100％計画どおりにはいかない。しかし、川のカーブに差しかかれば必ずボートから落ちるわけでもない。**PART4「軌道変更」**では、設定したゴールを変更しないために、どうやって軌道修正したかをお伝えする。

最後の**PART5「成功確率を上げる」**では、キャリアアップを追求し、人生のゴールを達成するための、私の実証済みヒントのトップ5を紹介する。

ここまで読むと、私が多用する言葉は選択以外にもう一つあると気づくだろう。それは、計画だ。私は、あらゆることを計画する性分である。実際、自分の人生を戦略化する点では、やりすぎの傾向があると感じる人もいるだろう。しかし、あまりにも多くの（優秀で才能溢れるクリエイティブな）人たちが、ゴール達成のための計画を用意していないのを、ビジネスリーダーとして、またメンターとして目の当たりにしてきた。

戦略的に自分の選択肢をつくりだす代わりに、目の前に差しだされた機会をただ手にとるだけの人もいる。簡単だが長期的ゴール達成の役にはたたない選択をする人もいる。かつては自分が何を望むか（現実離れしたと言ってもいいような夢）を理解していたが、ゴールとして精緻化し達成する計画をたてることのなかった人もいる。そのような人々が、人生の半ばに差しかかって、昔に夢見た「未来の自分」とはかけ離れた現在の姿に気づき、どうしてそうなったのかわからずにいるのだ。

長期的な視点をもたない人は多い。ゴールを設定しなければ、達成するなど不可能だ。ゴールはあっても計画がなければ、進捗を確認しようがない。

しかし、計画をたてるのに時期尚早という言葉はあてはまらない。さらには、計画をたてるのに遅すぎるタイミングもない。人生またはキャリアのどの段階においても、目標を設定し、必要となるスキルや経験などのリソースが何かを調べ、計画をたてればいい。「幸福で成功した人生」を自らの手でつくりあげた人間は、私だけではない。そして、達成に向かう中では、試練や挫折、さらには悲劇に見舞われることがある（ほとんどがそういったものに直面する）。重要なのは、人生（と人生に付帯するすべてのもの）を自分用にカスタマイズすることは可能だということだ。

それをどのように、自分の人生に適用すればいいのかと考えているだろうか？　自分も成功と幸福を手にできるのか？　こうした疑問（「望みを叶えるにはどうすればいいか？」でなく、「自分のような人間が本当にできるのか？」）をもつ人は多い。私は、はっきりと言える。答えはイエス、可能である。

私は野心的な人間だ。それを、誰に遠慮することもない権利だと考えている。私の野心の原点はどこかという質問は、たとえるなら、私の脚がどこから生えているかと聞かれるようなもので、私は野心と共に生きてきた。遺伝子にそう刻まれている。私の家系にある種の身体的特徴が代々受け継がれてきたのと同様に、野心もまた受け継がれたものなのだ。

叔母のディーは、母方に伝わる書類を管理してくれている。彼女の手元には、私の家系が長い歳月の間にたどってきた道のりを示す書類が1枚残っている。黄ばんだ羊皮紙に褪せて茶色になったインク（私の祖先の一人を、奴隷の身分から解放すると奴隷の主人が手書きで証した解放証書だ。人間について書かれたものとは信じがたい、家畜の特徴を記載したような内容だ）、男性、165cm、額が高い、首に大きな傷。そこから二つ後の世代にあたる私の曾祖父は、周囲にパパと呼ばれた、誇り高い立派な男性だった。パパは私の母や叔母たちをランチカウンターでの座りこみ［シット・イン運動］に連れていって、正しいことには明確に賛成の意を示すよう教え、地元の新聞の編集部に毎週手紙を送って不平等に反対する意見を述べていた。

父方の親族には、金色の複雑な書体がエンボスされた青い布で装丁された分厚い聖書が、代々伝わっていた。中には、マリア・チャデンというジャマイカ出身の女性と結婚し、1806年にトーマス・ニコラスという子どもをもうけた、フランス移民で海の男だったドミニク・ダーシャンボー（私のラストネームとはスペルが違う）から始まる先祖たちの名前と生年月日が記されている。そして、その最後には私の孫たちの名前もある。私はページを指でなぞりながら、それぞれの代がどのような人生をおくってきたかに思いをはせた。一つ一つの名前が、より大きな自由へと向かうはしごの段となってきたはずだ。

先祖が辛酸をなめたことは理解している。そして、彼らに強さ（勤労に対する倫理観、プライド、信仰、自らを駆りたてた野心）があったことも知っている。それらは私のDNAにも受け継がれている。

これが読者のみなさんにどのような意味があるのか？　出発点がどこであっても、自分や家族の置かれた環境がどのようなものであっても、必ず自分を前に進ませてくれる強さは持っているはずだ。まだ信じきれなくても大丈夫。もう少しお付き合いいただいて、説明したい。まずは、いくつか自分に質問してみてほしい。

・人生に何を求めるか？
・指針とする価値観は何か？
・どのようなライフスタイルを望むのか？
・自分は何に充足感を感じるのか？

人生に望むものがまったく同じ人はいない。頭ではわかっていても、こと人生設計となると最も重要なことが忘れ去られがちになる。自分は何を望むのか？　他者の定義による成功は関係ない。肝心なのは、自分の思いである。

本書を読み終わったとき、みなさんが自分の望みをはっきりと把握し、野心を追求する力を得たと感じられれば幸いである。そう、誰に遠慮することもなく。

PART 1

若き日の気づき

第1章 運は自分でつくる

私はCEOになった。

かたわらで夫が安らかな寝息をたてている、夜明け前の真っ暗なベッドルームで目を開けると、心の中でこんな言葉が独立記念日の花火の音のように鳴り響き、頭のすみずみまでかけめぐっていた。私はCEOになったのだ。起きるにはまだ早い。しかし、新しいキャリアがスタートするこんな日に、これ以上眠っていられるとは思えなかった。

私は気持ちを落ち着けようと深呼吸した。こんな時間はめったに経験できないのだから、無為に過ごしたくはなかった。目を閉じて今の自分の気持ちを確かめようとすると、一つの疑問が頭の中に滑りこんできた。成功の秘訣は何だったのだろうか。

私は静寂の中で小さく笑い声をもらした。ばかばかしい。いきなりこうなったわけではない。険しい道のりを一歩ずつ上ってきた。ここまで上り詰めるために、長い時間をかけて学び、成長し、計画し、困難を乗り越え、戦略をたて、注意深く決断し、周到に計算してリスクをとり、ひたすら（本当にただひたすら）努力してきた結果だ。

しかし、驚いている自分がどこかにいたのも事実だ。時を戻して最初からすべての過程を自分の目で確認してみたいと思うほどに。

実際、何が要因だったのだろう？

◆

私は、6歳のクリスマスを家族揃ってロサンゼルスのダウンタウンにあるホテルで過ごした。両親と二人の妹、そしてまだ小さかった弟と一緒に、朝食前にクリスマスクッキーを頬張りながらプレゼントをいそいそと開け、クリスマス気分を満喫していた。子どもたちにとってはいつもどおりのすてきなクリスマスの朝だったが、何年も後になって、両親がどれほど苦労して実現してくれたかを知った。

私の父、レスター・アーシャンボーは、転勤の多さで有名なＩＢＭに勤めていて、私が生まれてからも4回引っ越しを繰り返していた。ワシントンD．C．からボストン、ケンタッキー州のレキシントン、フィラデルフィアへと移り、今回の任地はロサンゼルス郊外のサンフェルナンドバレーにあるグラナダヒルズだった。引っ越しの多い生活はドラマチックだと思われるかもしれないが、私の両親はどうすれば物事がスムーズにいくかを考えるリアリストだった。そして、住む場所がいくら変わっても、基本的な価値観がぶれることのない人たちでもあった。たとえば、教育は最重要事項であり、父のカリフォルニアへの転勤が決まったときも、母であるメラ・アーシャンボーは、小学1年生だった私に一日たりとも学校を休ませようとはしなかった。そのため父だけが先に赴任して、私は12月23日まで登校し、1968年のクリスマスイブにIBMの用意したチケットで西海岸へと移動した。

続けて子どもが生まれたのは、母の選択の結果だった。おむつ替えが必要な時期を何度も経験したくなかったからだそうだ。事実、私は1962年7月に生まれ、リンディは1964年5月、ニキは1965年8月、そしてアーチは1967年6月、つまり私が5歳になる前に生まれている。母がどうやって、6歳以下の子どもを四人も連れて飛行機で北米大陸を横断できたのかは永遠の謎だが、方法は問題ではない。母はやってのけた。それが私の母であり、彼女が背中で教えてくれたことだった。

カリフォルニアに到着後すぐに新しい家に入居できなかったので、私たちはホテルに宿泊することになった。リンディとニキにとってこれは一大事だった。引っ越しやホテル滞在はどうでもよかったが、クリスマスのロジスティクスが心配だったのだ。

「ママ」引っ越しの数日前にリンディはめそめそしながら訴えた。「引っ越したら、サンタさんは私たちがどこにいるかわからなくなっちゃう！　そうしたら、今年はプレゼントがもらえないじゃない！」

母が返事をする前に、私が割ってはいった。6歳にして、私はよくわかっていた。「大丈夫！　サンタさんは何でも知っているの。だから、私たちが良い子だったかどうかわかるんじゃない。誰が引っ越すかだって知っている。私たちがカリフォルニアにいるのもちゃんとわかって、プレゼントを持ってきてくれる。心配ないよ」

私の言葉で妹は安心したかもしれなかったが、母はパニックに陥った。母はクリスマスが大好きだった。両親は毎年すべて（クッキーを焼くことも、ツリーを立てるのも、プレゼントのラッピングさえも）を、子どもたちが寝静まったクリスマスイブの夜中にやることにしていた。

想像してほしい。私たちが寝るまで、クリスマスイブの我が家はいつもと何も変わらない。7月と言われても信じられるほど、クリスマスらしさのかけらもない。しかし朝になって目が覚めると、子ども部屋のドアノブには、小さなおもちゃやクリスマスキャンディでいっぱいになった靴下がぶら下がっている。サンタが来た合図だ。靴下の中身をひととおりチェックすると、私たちはクリスマスの魔法がかかった階下に向かって駆けだすのだ。

クリスマスの光景が目に飛びこんでくるより先に、耳がクリスマス気分をキャッチする。母がクリスマスの音楽をかけてくれているからだ。階段も、オーナメントがあちこちにつ いたガーランドで飾られていた。ツリーそのものが見えないうちから、私たちの目はツリーのライトの瞬きを捉える。ダイニングルームのテーブルの中央には、松ぼっくりや常緑樹の枝やフルーツでできた大きなデコレーションが飾られている。リビングルームに入ると、部屋はクリスマスムードでいっぱいになっている――どこを見ても、美しく飾りつけられているのだ。トナカイにひかれた、プレゼントを山積みしたそりが鎮座する炉棚からは、一人一人の名前ときれいな模様の入った手編みの靴下がぶら下がっている。フェイクスノーで飾られた、これぞクリスマスという情景だった。エンドテーブルに置かれたクリスマスクッキーの載ったケーキスタンドのまわりには、雪だるまやサンタ、クリスマスエルフの人形が立っている。ランプシェードにはクリスマス模様の布がかかっていて、カーテンには銀のガーランドと点滅するライトがついていた。そして、クリスマスツリーが目に入る。天井に届くほどのツリーは手作りから陶製のものまでさまざまなオーナメントで飾られていて、足元にはプレゼントがずらりと置かれていた。すべてはサンタクロースがやってくれたのだと両親は言い、子どもたちは嬉々としてそれを信じた。サンタさんは何だってできる。証拠は目の前に揃っていた。

母の予定では、カリフォルニアに引っ越した年は簡略化することになっていた。しかし、私が自信たっぷりに言いきったことですべてが変わった。100%のスケール、それもカリフォルニアというアウェイの場所で。北米大陸を横断してたどり着いた初めての土地で、子どもたちが眠っている夜のうちに、プレゼントを用意するだけではなく、二部屋しかないホテルにクリスマスの魔法をかけなければならなくなった。

この時点で、母が妥協するかおとぎ話の種明かしをするかを選ぶと思った人もいるだろう。しかし、そのような選択をする母ではない。すぐに計画をたて、実行に向けて各方面に手助けを要請した。引っ越しトラックのドライバーに窮状を訴えて、協力をとりつけた。すぐに荷下ろしできるように、プレゼントとデコレーションの箱を最後に積んでもらうよう手配したのだ。そして、クリスマスイブの夜遅くにホテルに寄って、細君に焼いてもらった手作りクッキーと共に届けてもらう。残りのプレゼントは、私たちの到着に間に合うように、親戚がホテルへ送ってくれた。こうして母は着々と準備を進めた。しかし、ツリーだけはどうにもならなかった。

クリスマスイブになった。あの日のフライトを、子どもたち以上に母は長く感じたことだろう。空港で出迎えた父が、レンタカーのステーションワゴンでホテルまで連れていってくれた。急いで夕食を終えると、サンタクロースとトナカイがこちらに向かっている姿を思いうかべながら、子どもたちはおとなしくベッドに入った。

そのとき、本物のサンタはプレゼントとデコレーションを受け取りにいき、父はツリーを求めてロサンゼルスのダウンタウンを車で走りまわっていた。携帯電話もグーグルマップもなければ、アマゾンやタスクラビット［家事代行サービス］もない時代だ。父は長い時間通りに目をこらし、使えそうなものを探し続けた。クリスマスのため、店はすべて閉まっているようだった。時間だけが経ち、父は切羽つまっていた。そのとき、まだ灯りがついているホームセンターが父の目に飛びこんできた。ウィンドウからきれいに飾りつけられたツリーが見えたが、「閉店」のプレートがかかっていた。

もう後はない。父は車を止めると、店に向かいドアを叩いた。奥から男性が出てきて、手で合図した。帰れ。しかし、ここで諦めるレスター・アーシャンボーではない。まして、家族のために動いているときは。父はドアを叩き続けた。

ようやく男性が出てきて、ほんの少しドアを開けた。「字が読めないのか？」男性は言った。「もう閉店したんだよ」

父はすばやく足をドアのすき間にさしいれた。「すみませんが、あのウィンドウに飾ってあるツリーを買いたいんです」

「あれは売り物じゃない」男性は言うと、ドアを閉めようとした。しかし、父は足をどけようとしなかった。「お願いです」父は言った。「ホテルで眠っている四人の子どもが、サンタクロースがツリーを持ってきてくれると信じています。どうか売ってもらえませんか？クリスマスが終わったら、すぐに返しにきてもいいです」

私自身はあまり経験したことがないが、父にとってはこれがクリスマスの奇跡だった。男性が折れてくれ、父はすっかり飾りつけされたツリーを手にいれてホテルに戻ってきた。

翌朝目が覚めると、ドアノブには靴下がぶら下がっていた。サンタは私たちの居場所がわかったのだ！　私はベッドルームのドアを勢いよく開けた。期待どおりの光景が目の前に広がっていた。電飾がきらめくクリスマスツリー。エンドテーブルのサンタとクリスマスエルフ。ガーランドで飾られた窓。クッキーのトレイ。そして、ツリーの足元を囲むプレゼント。

「ほら」私は妹と弟に言った。「サンタさんには、私たちがどこにいるかわかるって言ったでしょ？」

両親には悪いことをした。成長してサンタが誰なのかを知った後は、私も両親と一緒に一階でクリスマスの魔法をかける手伝いをすることを許された。そのとき初めて、私の言葉で両親があの夜のホテルでどれほど大変な思いをしたかを理解した。二人はいつもありのままの私（リーダー気質で、野心的で現実的）を愛してくれたが、私はこの一件を忘れられなかった。

両親は意志の強い人たちだった。とりわけ熱心だったのは、子どもたちに満ち足りた生活をさせ、芯の強い人間に育て、良い教育を与えることだった。実現するために、知恵をしぼって計画し、ぶれることなく実行していった。

一家の大黒柱は父だった。毎日スーツと白いワイシャツを着てネクタイを締め、片道1時間をかけてＩＢＭに通勤していた。大学を出てはいなかったが、頭は良く生まれつきエンジニアの才能があった。いろいろなものを自作したり修理したりするのは朝飯前だった。ＩＢＭにはタイプライターの修理工として入社したが、最終的にはサービス部門の事業所長にまで昇格した。

母は大卒で手芸から財テクまでこなせたが、専業主婦を選んだ。当時はそれが普通だった。父同様、母も野心家だった。野心はキャリアとセットで語られることが多いが、それは違うのではないかと思う。野心とは、大きな目的のために強い意志をもって努力することだ。母にはまちがいなく野心があった。

両親が協力して目指したのは、子どもにしっかりとした教育を受けさせ、適応能力を身につけさせて、自立して自らの望みを実現できるよう育てることだった。母は秩序と規律を守らせる我が家の鬼軍曹だと、父はよく言っていた。母は家族全員に小さな仕事を与え、節約を旨としながら、日々を楽しく過ごせるよう心をくだいた。母にとって、家族を自在に動かすのはたやすいことだった。子どもたち一人一人に何かしら家事を担当させ、父の給料日には全員に小遣いを与えた。父すらも、母から小遣いをもらう立場だった。支出を切りつめて大学の学費を貯める一方で、スポーツやガールスカウト、乗馬などの課外活動の費用を捻出してくれた。父一人の収入では簡単ではなかったはずだが、両親は何とかしてくれた。

実際、楽しい生活だった。家族でよく、キャンディランド、ＳＯＲＲＹ！、ヤッツィー、ゴーフィッシュ、Ｓｐｉｔなどのゲームをした。ごっこ遊びも好きで、ただ外で走りまわるだけでも楽しかった。しかし、何よりも好きだったのは、仕事から帰宅した父とのレスリングごっこだった。父は四人の子どもを同時に倒そうとした。だいたい父の勝ちだった。腕力と知力と敏捷性を兼ね備えていた父には簡単なことであり、倒された私たちは大声で笑ったものだった。そして、立ち上がって、母の手作りの夕食（子どもたちが「ウマウマ」と呼んでいたデザート付き）のテーブルに向かう。テーブルについている両親の姿は、今でも目に焼きついている。母はあの世代にしては背が高く、バレエをやっていたために姿勢がよかった。父は約１８０ｃｍでがっちりした体格だった。肌はキャラメル色で、子どもたちに話をして聞かせるときにきらめくハシバミ色の瞳をしていた。彼の眼は、家族の話をするときにはいっそう輝いたものだった。

父がとりわけ好んで話した、フィラデルフィア時代の4歳の私に関する話がある。父は屋根で何か作業をしていた。私は母に「家の外壁にペンキを塗る」ように言いつけられた。

実際に与えられたのは食用色素を溶かした水の入ったビーチバケツと刷毛で、私はその水を家に塗りつけるのだ。父が外で作業しているときに、「家にペンキを塗る」のが嬉しかったのを記憶している。

しかし、父が屋根の上にいることがわかると、嬉しさは消し飛んだ。落ちて首の骨を折るから、と私は父に向かって叫んだ。父が降りてこないのがわかると、私は刷毛を持ったまま、父が作業している側にまわり、落ち着きなくうろうろしながら、大声をだした。「パパ、落っこちて首の骨を折るわよ！　パパったら、落ちて首の骨を折りたいの？」4歳児らしく、延々とわめき続けた。父はいらいらした。私の声で頭がどうにかなりそうだったらしい。父は煙突を通して、本当に自分が転落して首の骨を折らないうちに私を家の中に戻すよう、母に言いつけたそうだ。

いろいろな意味で、私たちは普通の幸福な子ども時代を過ごした。しかし、世の中は決して穏やかではなかった。私と妹や弟が生まれたのは公民権運動の時代で、両親が子育てをしている間にも、人種間の緊張が高まっていた。両親の強さをみせつけられたのは、1968年のクリスマスイブのできごとだけではなかった。

家族にどんな生活をさせたいか、そして子どもたちにどんな価値観を持ってほしいかを基準にした選択を両親がしてきたことが、大人になってからよくわかった。自分のゴールを決める。自分で計画する。決めたことはやり遂げる。そして、自分の運は自分でつくる。ここでいう運とは、機会が訪れたときに、必要な姿勢、スキル、経験を持ちあわせていることだ。機会は時を選ばず現れるが、ふさわしい力がついていなければ掴むことはできない。機会を見つけて掴むことができれば、成功に向かって歩を進められる。それが自身の運をつくるということだ。

これについては、もう少し触れたい。生まれつきがどうであろうとも「今までより幸運」になれるものだと、私は信じている。私自身の家族も、何世代にもわたって「運」を開いてきた――それぞれの世代がその前の世代がつくった運を発展させたのだ。我が家の家族史には、同じ話が何度も登場する。自分のゴールは出自とは無関係である。（恵まれた生まれつきであれば助けになることはあるだろうが）生まれもったものを理由に成功を諦める必要はない。だから、誰でも今より幸運になることは可能なのだ。

それは難しいことではない。私の両親が「奇跡」（1968年のクリスマスの成功や、大学の学費を用意する一方で家族に衣食や娯楽にも不自由させない魔法のようなやりくり）を起こしてきたのと同様にすればいい。人種差別が横行していた時代にあって幸福で健全な人生を家族におくらせるという、ただその一点に注力していたからこそできたことだ。ゴールを設定し、計画をたて、必要なスキルを磨き、適切な姿勢を保ち、ゴールと矛盾しない選択を日々していけば、自分の運を改善することはできる。それが、私が両親から教わった教訓であり、本書で伝えたいことだ。簡単ではないかもしれないが、やる価値はある。

「簡単ではない」といえば、私も子ども時代に、ひどい人種差別から引っ越しの多さ、健康に関することまで、さまざまな壁にぶつかった。幾度も新参者やよそ者になってきたが、前に進む方法を必ず見つけてきた。こういった障壁は、私にとっては成功の妨げどころか好機だった。プライベートでのゴールやキャリアアップを達成するための戦略づくりの糧となった。私の若き日の気づきについて、続く章でお話ししていく。

第2章 インポスター症候群への意識

子どもは子どもに対して残酷になれる。残念ながら、それが現実だ。子どもは無意識のうちに、自分たちの文化の中にある力関係を学習する。そして、その力関係を利用して学校で優位に立とうとする子どももいれば、それによる心の傷を長年かかえることになる子どももいる。

グラナダヒルズの学校に通い始めた1969年の1月は、数年前にロサンゼルス郊外で勃発したワッツ暴動や、さほど遠くないグレンデールの街で行われたクー・クラックス・クランのパレードの残像がまだ鮮明に残っていた時期だった。これらはローカルな事件にすぎなかったが、全米が揺れていたと言っても過言ではない。ベトナム戦争の真っただ中であり、1968年4月にマーティン・ルーサー・キング・ジュニア、そして6月にはロバート・F・ケネディが暗殺された。動乱の時代のアメリカで、人種間の緊張が高まっていた街の白人居住地にある小学校に、私は1年生として転入した。いじめっ子たちがどのような力関係を強要し、私の自尊心がどれほど傷つけられたかは、想像に難くないだろう。

幼い少女は大人が考えるよりも世の中の動きに影響されがちである（または自信を保ちづらい）ことが、研究で証明されている。２０１７年の研究によると、性別のステレオタイプ化は6歳までに定着し始める。[参考文献1] 人種についても同様だ。そして、人種に基づいて他者を判断する傾向は、6〜10歳にかけて飛躍的に高まる。[参考文献2] 多感な年ごろの子どもは、親や教師のものさしに影響され、自身や周囲にもそれをあてはめるようになる。[参考文献3]

つまり、5歳の少女は自分を単に子どもと認識するのに対し、6歳（私がカリフォルニアに引っ越した年齢）になると、自身を性別や人種で類型化し始めるのだ。自分の能力や与えられる機会を、社会通念に照らしあわせて判断する。すると、1年生のときには算数が好きであっても、3年生になる頃には不得意だと称するようになる。幼稚園ではどんな子とも仲良くなれた子どもでも、すぐに外見や行動が自分と似た子どもとばかり遊ぶようになる。

60年代後半のグラナダヒルズには、私のようなルックスの子どもはいなかった。まったく場違いな子だった。我が子がつらい思いをしがちであろうことを理解していた母は、少しでも環境を整え、必要とあればサポートできるよう、子どもに直接影響しそうな組織に積極的にかかわった。ＰＴＡや教会、ガールスカウトやボーイスカウトのリーダーを務めた。それでも、私が一人で立ち向かわなければならないことも多々あった。たとえば、徒歩での通学だ。

毎朝私は、幹線道路であるバルボア大通りと並行にはしる側道を歩いて登校した。乾いて埃っぽい空気の中を、ランチボックスを手にとぼとぼ歩いた。猛スピードで行きかうステーションワゴンやマスタングのコンバーチブルと私との間を、さえぎるものは何もなかった。

「おい、このがき！」車の窓から怒鳴り声が聞こえる。「おまえの家はジャングルのはずだろ？　とっとと帰れよ！」

学校でも、敷地に足を踏みいれた瞬間から、私はアウェイ以外の何者でもなかった。すぐにからかいや嫌がらせが始まる――指をさされ、くすくす笑われたり、校庭で足をひっかけて転ばそうとされたりした。そんなことが日常茶飯事だったため、私のひざにはまだ傷跡が残っている。

問題は児童だけではなかった。学校そのものが人種差別を隠そうとしなかった。カリフォルニアの学校には、ギフテッド教育（GATE）と呼ばれる、優秀な児童や生徒のための特別カリキュラムがあった。私は勉強が好きで、特に算数が得意だった。基準年齢に達するとGATEの選抜試験を受け、やすやすと合格し、カリキュラムの参加資格を得た。学校はそれを問題視し、再試験を命じた。カリキュラムの参加者全員が再受験し、私だけが不合格となった。

人生が平等ではないことは、誰もが知っている。「ずるいよ！」子どもが幼い頃によく言うせりふだ。もっと公平な状況にしようと腐心せず、甘んじて受け入れるよう、私は育てられてきた。人生は平等ではない。これまでもそうではなかったし、この先も変わらないだろう。それは厳然たる事実であり、変えられはしない。だから、言い訳にはできない。何かが起こったら、どう対処するかを考えなければならなかった。

私の家族は不平等に対して文句を言うことはなかった。特に、アフリカ系アメリカ人であることをハンデと見なすことは許されなかった。両親がこう考えたのは、遍在する人種差別が子どもたちの思考の中心になり、どこへ行っても差別を意識し、人種を理由に将来の目標をスケールダウンさせないためだったのを、後に知った。そう考えることそのものが、私たちの足かせになると信じていた。人種差別を言い訳にさせないことで、子どもたちに差別を乗り越える力を身につけさせようと考えたのだ。親がこんなことを我が子のために考えなければならないのはおかしい――しかし、人生は平等ではない。

子どもだった私には、二度目の選抜試験で不合格だった理由は一つしか考えられなかった――自分は必要なレベルに達していなかった。「残念だったわね、シェリー」母は私をハグしながら言った。「勉強をがんばれば、来年は受かるかもしれないわよ」

私をカリキュラムから締めだす言い訳を学校が捏造したのは明らかだったと、何年も経ってから母は認めた。グラナダヒルズに人種に基づく偏見が蔓延していたのを、両親ははっきりと認識していた。近所では、二人がブラック・パンサー［黒人解放組織の党員］であるという噂まで流れていたらしい。

とはいえ、どのコミュニティでもそうだが、グラナダヒルズにも善良な人はいた。夏になると、自由時間のほとんどを近所の家のプールで過ごし、学校でも親しい友人ができた。母の意向で、子どもたちはこなせる限り多くの課外活動に参加した――家でくすぶってさせないためでもあったが、できるだけ多くの機会と経験に出会わせようとの配慮だったと思っている。私は、ブラウニー［小学校低学年部門］としてガールスカウトに入り、バレエのレッスンを始めた。居場所を見つけて気持ちが安らいだものの、私を好きになってはくれないクラスメートもいるという現実はつきまとい、自尊心を傷つけられていった。いつだって、チームをつくる際に私は最後まで選ばれず、ゲームをするときにはのけ者にされた。私は原因が自分にあると思っていた。誰にでも優しい良い人間でいれば、好きになってもらえるだろう。残念ながら、それでも私に目もくれないクラスメートもいた。

グラナダヒルズに引っ越して二年後のことだった。私は一人で歩いて下校していた。とりとめもないことを考えながら、ランチボックスを片手に、教科書をもう一方の手に持ってバルボア大通りと並行する通りを歩いていた。

　実際に可能かは不明だが、視覚で捉えるよりも先に気配を感じた——二人の少年が生け垣の後ろから私をめがけて飛びだしてきた。毎日顔をあわせているクラスメートだった。何かを怒鳴っていたが、教科書とランチボックスが宙を舞うのを視界の隅で捉えながら後ろ向きに倒れていく私には、何と言っているのかわからなかった。そして、鋭い痛みと共に、地面にたたきつけられた。

　他人に起こったできごとのようにこの光景を記憶しているが、紛れもなく私の経験だった。歩道に横倒しになり、二人の少年に殴られたり蹴られたりした。行きかう車からはっきりと見えたはずだが、一台も止まろうとはしなかった。近隣の大人も一人として止めに入らなかった。私は抵抗もせず、体を丸めて手で頭をかばい、泣きながら殴られていた。私が何をしたの？　どうしてこんなことを？　誰か助けて！　なぜ私を嫌うの？

　数分後には、少年たちは飽きたか何かに驚いたかして逃げていった。痛い。血が出ている。私は泣きながら、表紙の破れた教科書を拾い集めた。ランチボックスから放りだされて壊れた水筒を探した。そして、荷物をまとめなおすと、家に向かった。

「おかえり、シェリー！」玄関から入ってくる私の足音を聞いた母が、キッチンから大声で言った。いつもなら、「ただいま！」と大声で返事をし、キッチンまで走っていくのだが、その日の私は無言だった。

「シェリー、どうしたの？」母は言った。私は返事をしなかった。

母はキッチンから出てきて、私のありさまを目にした。「シェリー！　いったい何が？」

私を抱きよせる母の表情だけで充分だった。私はこらえきれずに泣きだした。しばらくの間、何が起きたのかを母に告げることもできないほど泣きじゃくった。

次の日、母は私を車で学校へ連れていき、校長と話をした。二人の少年は処分されたが、それで私の気が晴れはしなかった。覆水盆に返らず。そして、傷は簡単に癒えるものではない。

◆

人が残酷さを受け入れるのは何歳からだろうか？　自分に非があったと思うのはいつからだろう？　当然の報いだと思うのは？　少女、特にアフリカ系アメリカ人（とりわけ人種差別が横行している地域に住むアフリカ系アメリカ人）の少女にとっては、幼少期から避けては通れない道だった。小さな傷が重なりあったうえに、大きな屈辱が加われば、幼い少女の自尊心などたやすくくだかれる。

幼少期にこのような経験をすると、長じて深刻な「インポスター症候群」を発症することがある。「インポスター症候群」とは、自分に向けられる社会的不条理を正しいと考えるようになる状態だ。年齢を問わず女性、しかも有色人種の女性に多く見られるが、知性と野心を兼ね備えた人物が不慣れな環境に身を置いたときにも起こる。表面的には、不安になる、努力の結晶が「過大評価の結果」ではないかと疑う、自分だけが場違いであるように感じるなどの症状が一般的だ。潜在意識を蝕み、小さな疑念をふり払えなくなってくる。心の奥底で小さな異音を発する。賞賛を受けたり、好意的なフィードバックを受けたりすると、音が鳴る。リーダーを任されたり、昇進したりすると、また音がする。自分の弱さや自信のなさを自覚すると、インポスター症候群がささやきかける。見かけ倒しなのが、いずれ発覚するだろう。

インポスター症候群を看過すると、大きな野心を抱けなくなる。ゴールを達成するには、計算ずくでリスクをとる必要があるが、心から自分を信じていなければできることではない。成功に必要なスキルや知識を努力して身につけても、それらを活用する自信がもてないのだ。自分の中や周囲に信頼できるセーフティネットがなくては、切望している学位や仕事、人生に挑戦する気力をもてるはずもない。

幼少期に受けた傷（身体的、心理的を問わない）がどのようなものであっても、インポスター症候群に行く手を阻ませてはならない。対処の仕方は習得できる。

●ステップ1：自分は一人ではないことを理解する。多くの成功者もインポスター症候群に悩まされてきた。私の心にも、今でも折にふれ巧みに滑りこむことがある。
●ステップ2：批判的で自信を傷つける内なる声がすることを認識した上で、それが事実ではないと理解する。信じてはならない。
●ステップ3：自分を高く評価してくれる人を信用する（どのような人が該当するかは第3章で述べる）。あなたが認められ昇進するのは、ふさわしいからである。額面どおりに受けとればいいのだ。
●ステップ4：自信をもてないと感じたとき、インポスター症候群につけいらせないよう、「実現するまではできるふり」をする。自信を身につけるまでは、自信ありげに振舞うこと。

私は今でも実践することがある。ベライゾン・コミュニケーションズの取締役会に初めて出席したときの私は、委縮していた。ベライゾンはフォーチュン誌が世界14位［当時］とする企業であり、フォーチュン500のCEOや国際的な専門家が取締役に名を連ねていた。私自身もCEOであり取締役の経験がないわけではなかったが、いずれもはるかに規模の小さな企業においてだった。できる限りの準備をし、現職の取締役にアドバイスももらった。実際の会議の場で内心は緊張していたものの、自信に満ちた表情をうかべ、背筋を伸ばして、頭の中でこう繰り返した。「万事理解した上で行動しているように見せ、周囲によく注意をはらうこと。そうすれば、いずれできるようになる」
●ステップ5：何の期待もかけてくれない社会で育った人が、自分の可能性を信じるのは非常に難しい。それでも、自分を信じるのは自分の責務だ。障壁を超えて、自信を身につけることだ。

本書を読み進めるうちに、インポスター症候群に悩まされるのは一度だけではないことに気づいてもらえるだろう。私は十代の頃から今まで、受けた傷を癒してインポスター症候群の支配からほんの少し逃れるプロセスを、幾度となく繰り返してきた。これは、後ほど詳しく述べたい。

本章から何か一つを選ぶとすれば、心に刻んでほしいのは「人生は平等ではない」ということだ。そして、人生は耐えがたいものでもない。平等ではないだけだ。苦難が多くても、自分の責任ではない。しかし、そのために頑なになってはならない。自分を責める必要はなく、また他者を責めるために労力を費やすべきではない。人生の不当さに身を委ねてもいけない。自分の生き方を自分で決め、自分を信じてくれる人の期待に応えていけば、「自分の望む人生」を手に入れる道はおのずと見えてくる。

第3章　応援団を見つける

誰しも人生の応援団が必要だ。うまくいかないときにもあなたを信じ、あなたの責任ではないと言ってくれる人。自分の長所を見失ったときに、それを教えてくれる人。自分にはできるという自信がもてないときに、元気づけてくれる人。家族がまず応援団でいてくれた私は幸運だったと思う。そうでない方も、もちろんいるだろう。家族が応援してくれなかった方でも、他の応援団には出会えているはずだ——教師、コーチ、またはコミュニティにいる他の大人だったかもしれない。私が家族以外の応援団に出会ったのは、9歳のときだった。

その頃、私はクラスで最も背が高かった。ぐんぐんと成長したため、常に新しい服が必要になった。母は何事にもポリシーをもっていたが、衣類も例外ではなかった。子どもたちの被服費は年間200ドルまでと決められていた。既製服を購入してもよかったが、布と型紙を買って母に縫ってもらうこともでき、そのほうが格段に安くついた。予算を考えれば、どちらがいいかは明白だった。その結果、ほとんどの服が母の手作りだった。ただし、母は四人の子どもの服を作る以外にも山ほどの家事を手がけていたため、しばらく待たなければならないこともあった。そこで、その年の夏に、自分で縫えるようになろうと思いたった。

裁縫教室のリュートシンガー先生は私の人生と自尊心に大きな影響を与えてくれた。ある日、私は型紙を裁ち間違えてしまった。ワンピースを作っていたのだが、私の身長にはまるで足りなかった。そこで、先生は型紙をウエストで2枚に分け、約8cmの間をあけて布の上に並べ、私に合った着丈にしてくれた。私はおとなしく型紙を布にピン留めし、そしてランチ休憩をとった。ランチの後で、型紙にそって布を裁断した。型紙が二分されているのを忘れていた私は、そのままウエスト部分を横に切り、ワンピースをまっぷたつにしてしまった。他の児童は私をあざ笑った。私は恥ずかしくてたまらなかったが、先生が助けてくれた。下半分の型紙をずらしてスカートを長めにとり、ウエスト部分で縫いあわせれば問題ないと言ってくれたのだ。そして、私が羞恥で意気消沈し傷ついて、助けを求めていたのを察してくれたのだと思うが、自宅の裁縫室に来て一対一で教室を続けないかと言ってくれた。

リュートシンガー先生はロサンゼルスの丘陵地に住んでいた。松がわずかに生えている以外は、風と洪水が運んできたやせた土や枯草があるだけの、うねるような丘が単調に続く地区だった。先生の自宅は長い道路の先にあるレンチハウス様式の建物で、大きなポーチからは郊外の谷が一望できた。裏手に本格的な馬小屋があり、本物の馬までいるのを目にした私は大喜びした。

「馬を見たい？」ある日の午後、先生は言った。私がうなずくと、たてがみとしっぽが黒く、顔に白斑のある美しい馬のところへ連れていってくれた。それまでに、こんな大きな生き物を間近で見たことはなかった。

リュートシンガー先生は、どうやって馬に挨拶したらいいか、つまり驚かせないような触り方を教えてくれた。私は緊張していた。先生はりんごを私に手渡すと、「これをあげてごらんなさい」と言った。私が精いっぱい手をのばすと、馬はやさしくりんごをくわえた。

先生は微笑んだ。「乗ってみたい？」気がつくと、私は鞍にまたがっていた。馬（どうしても名前が思いだせない）は、緊張してかたくなっていた私に、実に根気よく付き合ってくれた。

「力を抜いて」馬が急に走りだすことのないよう調馬策を手にしたまま、先生は言った。「緊張しているのはわかるけれど、馬にもそれが伝わってしまう。あなたが緊張すれば、馬も緊張する。だから、馬に落ち着いてほしかったら、まずあなたが肩の力を抜かないといけないの」

私は、落ち着いて冷静に振舞うよう、自分に言いきかせた（実現するまではできるふりをするのが、私のモットーだ）。大きく深呼吸すると、また馬を歩かせた。私は顔をあげ、目線をはるかかなたの地平線に置いた。陽光眩しい午後のカリフォルニアの空気を胸いっぱいに吸い、考えられないほど高い位置から周囲を見おろしながら、自分が強く大きくなったように感じられた。この瞬間、私は変わった。

振りかえってみると、信じられるベースがあれば、必ずしも安全地帯にいなくても、私は強くいられた。子ども時代には、家族がベースだった。成長するにつれて、さまざまな応援団が加わった。スキル、教育、友情、夫や子ども、実績、同僚、そしてメンターだ。自分よりも強く大きい存在がついていてくれると思うと、より高いゴールを目指すことに抵抗を感じなくなる。転落する心配はない。少なくとも大きく落ちることは。インポスター症候群とは対極にある信念だった。ゆっくりと時間をかけて、私の能力を信じてくれる人々と関係を築いていく中で、私はグラナダヒルズ時代に受けた傷を癒し、強固な自信を身につけていった。

その日の午後、リュートシンガー先生の馬に乗った私は初めての感覚を味わっていた――きちんとしたサポートさえ受ければ、自分には大きな可能性がある、と思えたのだ。

先生が教えたかったのも、これだったのかもしれない。一つだけ断言できる。そのとき以来、私は大の馬好きになった。

私はリュートシンガー先生の自宅で乗馬を習うようになり、ほどなくしてカリフォルニア・キャバリー・コマンドというグループに参加した。メンバーは、白いシャツに軽快なウェスタンハットというユニフォームに身を包んで、複雑な馬術演技を行った。大変だったが楽しく、私はめきめき上達した。このグループが学校よりも多様性に富んだメンバー構成だったとは思わないが、全員が同じユニフォームを着て一緒に行動するチームであり、私は紛れもなくその一員だった。私は、ようやく居場所ができたと感じた。

別の応援団と出会ったのもこの頃だった。算数のミズラヒ先生だ。いじめられることもあったが、私は学校（少なくとも勉強）が好きだった。特に算数が得意で、クラスのトップ争いをするのが楽しかった。誰よりも早く課題が終われば、クラスメートを手伝い、これが大きなモチベーションになった。他の子どもの手伝いができるように、競って早く課題を終わらせた。GATEに選ばれるのとは少し違ったが、自尊心を保つことができた。

この頃の私は、かわいそうなくらい良い子を演じていた。他の子ども同様、誰かに自分の長所をほめてもらいたかった。ありがたいことに、リュートシンガー先生とミズラヒ先生が私の気持ちに気づき、努力が報われる機会を与えてくれた。先生たちの理解のおかげで、多感な年ごろの私は自分に幻滅せずにすんだ。二人の行動が大切なことを教えてくれたと思っている。人に優しく寄り添い、誰もが長所も短所も抱えていることを忘れないよう、今でも心がけている。

幼かった私は応援団を求めてはいなかったが、彼らのほうから現れてくれた。応援団のありがたみを実感してからは、経験のない状況になった際にどうすべきかを知った。私が応援する相手、そして私を応援してくれる人を探すのだ。友情の育み方から人生のパートナー探し（第9章）、メンターやメンティーとの出会い（第31章）や仕事上のネットワーク構築（第32章）にいたるまで、私はプライベートでも仕事でもサポートシステムをつくりあげてきた。そして、みなさんにも同じことを勧める。

9歳児でも65歳の大人でも、自分一人で人生に立ち向かう強さのある人はさほど多くない。人生やキャリアのいかなる時点においても、自分を信じ成功を願ってくれる人が必要である。世界のほとんどが自分の敵のように思えるときはなおさらだ。そう、あちこちでぶつかる壁を破り、インポスター症候群が落とす影をふり払うことは可能だ。自分の望む人生を切りひらくことも、決して不可能ではない。ただし、一人では無理だ。そして、一人でする必要もない。

みなさんの応援団は誰だろうか？　自分を信じきれないときにも信じてくれるのは誰か？

意識することなく応援団になってくれる人もいる。賞賛し激励して自尊心を育ててくれる人たちだ。まだ出会っていなければ、誰かになってもらうべきだ。友人に声をかけて「私の応援団になってもらいたい。私が自分の能力や才能に自信を失いかけたら、私ならできると言ってほしい」そして、相手にも同様にするのだ。互いに応援しあう――人間はこうして前に進んでいく。

第4章　コントロールできることに注力する

ＩＢＭ社員の家族の間では、ＩＢＭは「I've Been Moved［引っ越してきました］」の略だというジョークがあった。実際、ロサンゼルスに引っ越して五年後に、父はコネチカット州ニューミルフォードへの転勤を命じられた。

11歳になっていた私は、人生の約半分をロサンゼルスで過ごしたことになる。親しい友人もでき、みんながさよならパーティをひらいてくれた。テーマは「悲しみのジェット・プレーン」。ピーター・ポール＆マリーの同名のヒット曲がＢＧＭだった。当時は長距離電話の料金が極めて高く、メールもない時代だった。そのため、筆まめでなければ、ひとたび告げた別れは永遠の別れとなった。

別れはつらかったが、いつまでも悲しみにくれてはいなかった。望んだ道ではないが、他に選択肢はなかった。人生は平等ではないのだからどうしようもない。両親の教えに従い、自分でコントロールできることに目を向けた。6年生になる直前の夏にコネチカットに引っ越したとき、母はすぐに行動を開始し、私もそれにならった。

最初の日に、母は四人の子どもを連れて、近所の一軒一軒へ挨拶に行った。引っ越し後の恒例行事だった。私たちはすぐに地域に溶けこむべく行動した。母はＰＴＡに、妹たちと私はガールスカウト、そして弟はボーイスカウトに加入した。厩舎を見つけて、乗馬のレッスンも継続した。午後になると、湖で泳いだり林の道へサイクリングに出かけたりした。コネチカット時代は、ほぼ最初からフルスロットルで過ごせたように思う。

この町の少女たちはロサンゼルスの友人たちとあまり変わらなかったが、少年たちは少し違っていた――魅力的でとてもクールだった。アディダスやナイキのスニーカーとブルージーンズを履き、スローガンの書かれたＴシャツを着て、バナナシートが特徴のシュウインのスティングレイという自転車を乗りまわしていた。近所にもそんな少年が二人住んでいた。私はなんとか彼らにクールだと思われたかった。秋もまだ浅いある日、チャンスが訪れた。二人の少年が我が家に立ちより、一緒にサイクリングに行かないかと誘ってきたのだ。

行く！　私はすぐに上着をはおると、自転車にまたがって飛びだした。そして木漏れ日の下、曲がりくねった道を走った。少年たちが大声で歓声をあげるかたわらで、私はついていくのに必死だった。子どもが自転車で冒険するにはうってつけの道だった――交通量が少なく、カーブが連続している起伏の激しい林道。やがて大きな下り坂に差しかかり、少年たちはぐんとスピードを上げた。私は必死にペダルをこいで、やっとの思いで彼らのたてる土埃についていった。私はどんどんスピードを上げた——そして、自転車のコントロールを失った。タイヤが横すべりし、私は地面に叩きつけられた。あごを砂利道に打ちつけ、手とひざもひどくぶつけてしまった。動揺しながらもすぐに立ちあがると、手がずきずきと痛み、血が流れていた。

少年たちは、「シェリー！　大丈夫か？」と叫びながら戻ってきた。

私は手を短パンで拭った。「うん」笑顔で言った。「大丈夫。さあ、行こう！」

正直に言えば、少しも大丈夫ではなかった。あざができ出血もしていて、何より放心状態だった。しかし、新しくできたクールな友人の前で、それを認めるわけにはいかなかった。私たちはさらに自転車を走らせた。最初はパニックに陥らないだけで精いっぱいだったが、しばらくすると再び楽しくなってきた。「実現するまではできるふりをする」秘訣がわかってきたようだった。少年たちは私がタフなのに感心し、一目置いてくれるようになった。11歳の私にとって大切なのはそこだった。

6年生の1学期が始まる頃には、近所にも、湖やガールスカウトでも友人ができた。私はこうして、ニューミルフォードのコミュニティの一員になっていった。ニューミルフォードは絵のように美しい小さな田舎町で、特に多様性に富んだ土地柄ではなかった——私たち以外にアフリカ系アメリカ人家族はもう1軒しかなかったと記憶している。人種的な同質性が高かったにもかかわらず、懐が深く受容性の高い（あるいは、グラナダヒルズほど敵対心を露わにしない）コミュニティだった。１９７０年代に入り、世界が変わりつつあったのも一因だろう。あの町ではアウェイだと感じたことはなかった。学校が始まると、私はすべてに全力で取り組んだ。しかし、それも長くは続かなかった。

中学1年生が終わる頃、帰宅した父から告げられた。コネチカットに来てから二年しか経っていないが、ニュージャージーへの転勤が決まった。おなじみのサイクルだった。

不思議なことに、数年以内に再び転勤を命じられることがわかっているにもかかわらず、両親は行く先々で定住するかのように振舞っていた。すぐにまた引っ越すと思えば、子どもたちはコネチカットでの生活基盤づくりに懸命にはならなかっただろう。コミュニティの人々との関係を構築しても無意味だと考えても無理はない。しかし、任地がどこであっても、母は率先して地域に溶けこもうと努め、家族もそれに倣った。未知への不安に意識を向ける代わりに、自分たちでコントロールできるもの（友情を育むこと、良い成績をおさめること、クラブやチームに参加すること）にエネルギーを注いだ。こうした考えが強固なベースになり、私は柔軟な考え方や変化に動じない強さを身につけられたと考えている。

インポスター症候群同様、「変化への不安」も将来への希望やゴールの足かせになりうる。しかし、実際にどうなるかは自分次第だ。ティーンエイジャー、大学生、そして社会人と成長する中で新しいステップに到達するたび、母の教えの力を借りて適応していった。未知の領域で不安を感じ、どうやって成功を手にできるかわからなくても、自分がコントロールできるものに意識を集中させ、そのときの自分のベストを尽くせばいいのだ。

第5章　主導権を握らせない

ニュージャージー州モンビルは、ニューヨークで働くオフィスワーカーの住むベッドタウンだ。これまでに同じく、両親は住むエリアを戦略的に選び、最もレベルの高い学校の学区に質素で手ごろな家を見つけた。子どもたちは、すぐにこの町の生活水準の高さに気づいた――家々は大きく、見かけるのは高級車ばかりだった。母の手作りの服で登校した私たちだったが、他の子どもたちは、ラングレーのロースラングのベルボトムとプラットフォームシューズといった、カタログから飛びだしてきたようないでたちをしていた。

しかし、服装よりも大きな問題があった。中学生になると、私は異常なほど身長が伸びた。中学2年生の終わりには178cmにとどき、生徒だけでなく教師すら見おろすほどになった。手足の伸びも著しく、特にじん帯に負担がかかっていた。この学年の間、私はひざの痛みに悩まされ続けた。最初はよくある成長痛と思われたが、中学2年生が終わる夏休みには痛みでスポーツをすることもままならなくなり、大量のイブプロフェンを常用するようになった。心配した母に連れていかれた病院で、私は13歳の少女が想像しうる限り最悪の宣告を受けた。長下肢装具をつけるよう言われたのだ。

長下肢装具？　これから高校生になろうというときに？

想像してみてほしい。数少ない人種的マイノリティであり、ほとんどの男子生徒よりも身長が高い女子生徒が、大きな丸メガネをかけ、ひざの部分にヒンジのついた金属製の器具を脚に装着した状態で、高校生活を開始するのだ。周囲になじむことをひたすら願っていた私は、運に見放されたように感じた。それどころか、一番年長の子どもだったため、きょうだいに頼ることもできなかった。彼らはまだ小学生か中学生だった。私は一人で立ち向かわなければならなかった。

新しい学校生活を始めるのは、どのみち簡単ではない。耳ざわりな音をたてる見苦しい装具をつけていては、なおさらだった。ただし、高校生になった私は対処法を身につけていた。現状を受け入れる。実現するまではできるふりをする。自分でコントロールできることに集中する。そして、状況は必ず改善すると信じる。母の教えに従い、私はできる限りり多くの課外活動（アメリカン・フィールド・サービス〔現在のＡＦＳ協会〕、フランス語クラブ、キークラブ）に加入した。学校のプロジェクトに参加し、機会があるごとに率先して動き、他の新入生に手をさしのべた。彼らの気持ちがよくわかっていたからだ。優秀で性格も良い生徒と認識されるのに、時間はかからなかった。私と同じく「標準」からはみだした野心的な生徒と親友にもなれた。そして、高校2年生に進級する直前に、ようやく脚の装具をはずすことができた。

そのときまでに、私は強く頼りになる人物だと周囲から思われるようになっていた。しかし、ティーンエイジャーの少女にありがちだが、内面では自信のなさに悩んでいた。当時の私は、ほぼ毎日、あるペンダントを身につけていた。枠だけでできた中空の立方体がチェーンの先についているものだ。外側は強く見えるが内部が欠損しているところが、まるで自分を象徴しているようで、気にいっていた。順応し、いかなる状況にも対処できるようになっていたが、強い仮面の下に弱い本当の自分が隠れていると考えていた。自分がとても小さく感じられることすらあった。

内心では不安に苛まれていることが周囲に発覚したら……。初めての環境に身を置く、見知らぬ人の前でスピーチをする、課外活動のリーダーに立候補する。そんなときはいつも、自分の能力を疑問視する小さな声が頭の中で聞こえる気がした。おなじみのインポスター症候群が頭をもたげているのだ。よくあることだとは知るよしもなかった——真の自信を身につけ、これまで達成してきたものや自分の応援団の言葉に表れている自分の実力を信じられるようになるには、時間を要するのだとは。そのため、勇敢なシェリーという外面は虚像に過ぎないと思えることもあった。

学校でも、些細なことが私の不安な心を刺激した。私を「うっかり」ロッカーに閉じこめようとする者や、臀部をつねって逃げる者がいなくなったわけではなかったが、私には強くあれとの母の教えがあった。「主導権を握らせない」私がフラストレーションや怒り、挫折を口にするたびに、母はこう言った。誰の言葉なのかはわかっている――ランチカウンターでの座りこみに孫娘を連れていった、パパと呼ばれた曾祖父だ。ミルクを頭から浴びせかけられるなどの嫌がらせを受けても、毅然として席から動こうとしなかった男だ。パパはこう言っていた。足をすくい、不安をあおり、ゴールから目をそらさせようとするのが誰であろうとも、断じて主導権を握らせてはならない。

母に言わせれば、他者の言動に一喜一憂するのは、自分をコントロールさせるに等しいのだ。高校時代には「逃げないことが勝ちにつながる」と言われた。私はその言葉に従い、強い自分を演じ続けた。そして、とりあえずはそれでよしとした。

第6章　ゴールの設定

大人になったら何になりたい？　高校3年生のとき、進路指導の先生にこう質問された。私は何と答えていいかわからなかった。

子どもにはありがちだが、人生の目標が定まっていなかった。しかし、好きなものはわかっていた。数学、良い成績を収めること、そして課外活動だ。しかし、それらを合わせると何になるかは謎だった。両親からは「勉強をがんばって、良い成績をとり、偏差値の高い大学に進んで、やりがいのある仕事につきなさい」と繰り返し言われていた。私はそのとおりにやっていたが、どんな仕事をしたいのか、わかっていなかった。

進路指導の先生は質問を変えた。「どんな人生をおくりたい？」私は肩をすくめた。「わかりません。でも、家の暖房費を節約しなくてすむくらいのお金を稼ぎたいです。寒いのは嫌だから」

「それじゃ」先生は微笑みをうかべた。「今のあなたは、何が好き？」

その質問であれば答えられる。「課外活動が好きです。いろいろなプロジェクトを進め、リーダーとして取り組んでいくのは、とてもおもしろいと思っています」私が現在進行形のプロジェクトを列挙していくと、先生はさらに大きな笑みをうかべ、感心したような目をした。

「すごいじゃない、シェリー」先生は言った。「とても意欲的なのね」

「そう思います」私は答えた。「何かにかかわって、影響を与えていたいんです」

課外活動に参加したのは、コミュニティの中に居場所をつくりたいとの思いからだった。今でもそれは変わっていない。私は果てしない承認欲求をもって生まれたのかもしれない。高校に入学すると運営にかかわるメリットを実感し、課外活動への関与はさらに高まった。転機を一つ特定するなら、ガールスカウトの毎年恒例のキャンプ旅行のプランニングをする手伝いに名のりをあげたときだろう。関与が深くなるほど、活動内容に自分の考えを反映させられる。たとえば、私はハイキングが好きで、火起こしなどを競争でするのも好きだった。だから、それらを盛り込んだプランをたてた。しかし、木の内部に巣くっている虫が這いだしてくるので、薪集めは苦手だった。そこで、役割分担表をつくるときには、他の子どもにその役目を割りあてた。

目から鱗が落ちるとはこのことだった——まとめ役は大変だが、苦労する価値は充分にある。やがて、学校のクラブにも自分の考えを反映させるようになった。2年生になると、様子見を兼ねてフランス語クラブの部長に立候補し、当選した。そして、権力を手にするには、必ずしも時間をかけ苦労しなくともいいと気づいた。手を挙げればいいのだ。私はあらゆるものに立候補するようになった。グループに参加したら、そのときに空いているポジションに手を挙げた。部長、副部長、会計。何でもよかった。まもなく、参加しているグループのすべてで運営にかかわるようになった。すべてが楽しかった。やることは多く調整も大変だったが意に介さなかった。

そこで、進路指導の先生は言った。「学校のクラブや組織の運営と、会社の経営は似たようなものだと思うの。みんなを統率し、まとめて、共通の目標に一丸となって取り組ませる――こういうことは好き？」

とても興味をそそられた。「そうですね、好きです」私は答えた。

「だったら、あなたは経営者に向いているのではないかしら」

その瞬間、私の人生の目標が決まった。私は、経営者になる。この段階で、どうすればいいかわからないのは問題ではない。最善のネクストステップを考えれば、そこから計画は展開していく。

進路指導の先生との面談は高校で必須だが、すべてがこれほど有意義なわけではない。しかし、そうであったらと思わずにはいられない。事実、学校を卒業してからも、数年おきに進路指導の先生と面談できればと思っている。いくつになっていても、先生の質問からは貴重な気づきをもらえる。自分のゴールは何か？　密かにあたためている、将来への希望やビジョンはどんなものか？　宣言しなければ、追いかけることもできない。それが成功の第一歩となる。明確なゴールを設定し、達成しようと全力を傾けること。野心をもち、誰に遠慮することもなく、戦略的に動くのだ。

PART 2

成功に向けた戦略づくり

第7章　計画の立案

「すべてを手にした」や「夢を追う」と称した話の多くは、高い目標を達成するための具体的な方策の提示まではないように思う。パイロットが目的地もフライトプランも曖昧なまま、離陸できるだろうか？　答えはノーだが、こうした行動をとる人はあまりにも多い——戦略どころかゴールすら明確でないまま、人生に頭から飛びこんでいる。他の大勢と同じところで停滞し、どうしてそうなったのかわからずにいる。

私は、高校3年生を終える頃には、長期的なキャリアゴールを設定していた。次に必要なのは達成するための戦略だった。手始めは、どの大学へ進むかという大きな決断だった。幸運なことに、黒人学生のために設立されたワシントンD.C.のハワード大学で叔母が働いていた。叔母のサポートで、高校4年生［米国の高校の多くは4年制］直前の夏休みに、事務のアルバイトとしてワシントンD.C.に通い、大学生活を垣間見る機会を得た。

マイノリティ中のマイノリティとして育ってきた私にとって、アフリカ系アメリカ人のほうが多いキャンパスには大きなカルチャーショックを受けた——良い意味ではあるが。

ただ、外見的には周囲に溶けこんでいたかもしれないが、内心は自分が異質な存在であるという思いを拭えずにいた。学生たちの話し方、歴史の捉え方、人との接し方――私は圧倒され、同時に魅了された。アライドヘルス学部の自分のデスクから、行き交う学生たちに挨拶していると、彼らの一員になれたような気持ちがして嬉しかったものだ。もちろん、男子大学生（私を魅力的だと興味をもってくれた）のそばにいるのも、これまでになかった経験だった。ある日、マーシャルという学生が私のデスクにやってきて、アシュフォード&シンプソンのコンサートに誘ってくれた。

マーシャルは私が初めて付き合った相手ではない。彼は二人目だった。ニュージャージーの高校で、私以外の唯一のアフリカ系アメリカ人だった男子生徒と、短い間付き合ったことがあった。楽しかったが、彼は2歳年上で、生徒が「変人」「人気者」「ガリ勉」のいずれかに分類されていた学校で「変人」とされていた生徒だった。私には、二人の将来が想像できなかった（私は「ガリ勉」で、高校時代の男子との付き合いについても、未来を見据えて戦略をたてるタイプだった）。しかし、マーシャルは輝かしい未来が待っている大学生で、初めての「本当の」ボーイフレンドにふさわしかった。彼は背が高く、親切で話の合う相手だった。高校4年生が始まると、私は長距離恋愛をすることになった。付き合いは一年におよび、プロムのエスコートもマーシャルだった。（同学年の男子生徒と異なり）背が高かったため、このとき私はハイヒールで出かけることができた。

ハワード大学でひと夏アルバイトをし、大学生活を垣間見ることができたおかげで、次のステップを明確に描けた。しかし、自分の進学先を決めるにあたっては「なじみがあるか」を選定基準にはしなかった。私はやはり、戦略的だった。世界中の企業のCEOについて調べ、黒人が少数派であることを知ると、スタート時点からできる限り有利な場に身を置く必要があると悟った。ビジネスのトップスクールを調べて、早くからペンシルバニア大学ウォートン校に目をつけた。全米トップランクの学校であるだけでなく、経済的な理由もあった。ウォートン校の学士課程であれば、MBAを取得せずとも幸先のいいキャリアのスタートがきれる。20万ドルにおよぶ学資を用意する必要がなく、早くから実務を経験できる。

ウォートン校の学士課程は（今と同じく）難関だったが、私は早くから心を決め、他の大学に願書を送らなかった。リスクをとったのだ。ただし、勝算はあった。高校での成績はトップクラスでSATのスコアも良く、組織の運営も実務も経験していたからだ。

私はこの勝負に勝った。クリスマス直前に合格通知が届き、ウォートン校に受かった！

ここまで、すべては計画どおりに進んでいた。

次の戦略的ステップとして、父に頼んで夏休み中のアルバイトを見つけてもらった。高校を卒業するとすぐに、父の職場である、ニュージャージー州フランクリンレイクスにあるIBMのフィールドエンジニアリング部門の本部に通うようになった。秘書が休暇をとっている間の業務を引き受ける、臨時雇いの秘書の職に就いたのだ。仕事の内容は、電話の応対や伝言、事務作業だった。その後の私の人生の転機になろうとは、このときまだ知るよしもなかった。

私の上司は非常に実用主義の人物で、同じ靴を色違い（黒、茶、クリーム、褐色）で4足持つような人だった。一、二週間たってそれに気づいたときには、理由を尋ねずにはいられなかった。

「グロリア、よほどその靴が気にいっていらっしゃるのですね」ある日、私は言った。

グロリアは笑いながら、私にウィンクした。「そうね」彼女は言った。「とても履き心地がいいから、他の靴を探す必要がないの」

異論の余地はなかった。事実、グロリアの行動はすべて論理的で、熟考の末の結論だった。そのため、彼女のアドバイスには耳を傾けるべきだと思った。

「シェリー、あなたは夏の間だけの契約よね」ある日、帰り支度をしながらグロリアは言った。「あなたは臨時の秘書で、職務内容も決まっているのは知っている。でも、これはビジネスを学ぶチャンスにもなるのよ」

「わかりました。どうしたらいいでしょうか？」私は尋ねた。

「ここは大きなオフィスだから、いろいろな人と会うことになる。そのときに、相手の業務やどうやって今の仕事についたかを聞いてはどう？　仕事とはどういうものかがわかるはず」

「相手の邪魔にならないでしょうか？　みなさん、とてもお忙しいと思います」

「そうね。少し勇気が必要かもしれない」グロリアは言った。「でも、丁寧に頼んでみれば、意外な結果になる可能性もあるでしょう。あなたには上昇志向があって、きっと機会には事欠かないと思う。それに、あなたと話をしてちょっとしたアドバイスをするのを嫌がる人はいないはず。そもそも、人は自分の話なら喜んでするのよ。心配しないで、話しかけてみなさい」

素晴らしいアドバイスだと思った私は、会社のディレクトリを開いて、手あたり次第に電話をかけてみた。グロリアの想定外の行動ではなかったかと思うが、結果として大成功だった。ディレクトリに興味をひかれる肩書があった。ロジスティクスプランニング担当副社長。これは何？　私はすぐに内線電話をかけた。

「もしもし」

「もしもし。夏の間、秘書の仕事をさせていただいている、シェリー・アーシャンボーと申します。秋からウォートン校に進学することになっています。自分のキャリアプランを考えるにあたって、お仕事内容についてお話をうかがえないでしょうか？」

このせりふを何度口にしたかわからない。ほとんどの相手は悪い気がしないようだった。ＩＢＭでのアルバイト期間中、さまざまな社員と話す機会を得て、業務内容や仕事の魅力、課題、そしてどのように現職についたかを知った。もちろん、本来の仕事をないがしろにすることはなかった。懸命に仕事をし、サポートにはいった「部署」が、それまでよりもうまくまわるように心がけた。その甲斐は充分にあった。父はあの夏ほど誇らしい思いをしたことはなかったそうだ。一、二週に1度ほどの頻度でＩＢＭの重役から連絡を受け、私の働きぶりを賞賛され、自慢していい娘だと言われたらしい。

この時期に、私の行動規範は決まった。第一に、現在の職務に最善を尽くす。第二に、経験者に尋ねることができるときに、Ａ地点からＢ地点への行き方を自分で推測しない。これらを若い頃に習得できたからこそ、早い段階からキャリアで成功をおさめられたと思う。

成功への第一歩を「ゴール設定」とするならば、途中の路程は細心の注意をはらった戦略だろう。本書を執筆しながらも、高校を卒業したあの夏にあったはずの選択肢を思いうかべた。ゆっくりと休み、新たな挑戦に向けた英気を養うのも一案だったはずだ。厩舎やアイスクリームショップなどで、もっと簡単なアルバイトをすることもできたろう。給料日だけを楽しみに、IBMで必要最低限の仕事をこなしてもよかった。しかし、そのいずれも私の眼中になかった。それまでずっとこう生きるべきと教えられてきたことをしただけだった。自分のゴールに向かって、懸命に努力し、メリットを判断し、戦略的に動いてきた。この行動規範に従うのも、再挑戦するのも、年齢を問わず可能だ。ゴールに向かって歩き始めるのに、早いも遅いもない。

IBMで社員と話した経験から、私は「次のステップを計画する」ということを学んだ。ウォートン校で、私は経済学専攻理学士の学位を目指した。この課程では、専門分野を選択することになっていた。このとき、私はIBMの重役から受けたアドバイスに従った。スピード昇進を望むなら、成長期にある業種を選択するべきである——規模を拡大しているため、仕事の数も多く、昇進の機会も多い。一方、停滞期または減退期にある業種は頭打ちである。企業が規模を縮小していけば、上級職は狭き門となり、一定の職位以上には昇進が望めなくなるだろう。

1980年代当時に明らかな成長期にあった産業に、私は注目した。テクノロジー産業だった。私の思い描くゴールにうってつけであり、また数学やテクノロジーは得意科目だった。しかし残念ながら、当時のウォートン校にはコンピューターサイエンス関連のプログラムがなかったため、マーケティングと意思決定科学を選択した。意思決定科学とは、ロジスティクスと問題解決に特化したアナリティクスベースのコースであり、プログラミング講座が必須だった。

秋学期にウォートン校に入学すると、学内ワークスタディ制度を利用したが、両親の倹約のおかげで（一部を学生ローンとアルバイトで補ったものの）充分な資金はあった。私には、職務経験と明確なゴールがあった。時は満ちた。私は、世界を相手にわたりあえる。少なくとも、自分ではそう思っていた。

第8章　要領をつかむ

大学、企業、公的機関――こういった組織は権限の集合体と考えていい。内部では大きな権限がヒエラルキー化されていて、職位ごとに細かく振り分けられている。大きな組織の一員になれば、個人ではとうてい成しえないような大きな「コト」の一翼を担うことができる。自分自身よりも大きな何かに影響を及ぼす。私は常にそれを望んできた。本書を手にされたということは、読者のみなさんも野心を抱いていると思っている。

ただし、野心というものは、ゴールに向けてロケットスタートをきって終わりではない。ゴールに至る各ステップに順応し対処することも必要となる。大学に入学する。修士課程に進む。企業に入社したり、社内で異なるポジションについたりする。どのようなスタートであれ、その場所での要領をつかみ、卓越した存在になるべく備えるのが肝要だ。若者にとっての大きな転換期と言えば、大学生活のスタートだろう。大学進学を控えている人には、本章はとりわけ有用なものになると思う。すでに大学を卒業した人にとっても、共感してもらえる点が多いのではないだろうか。

引っ越しの多い家に育ったため、私は高校を卒業する頃には、新たな環境に身を置くのに慣れていた。そのため、大学進学では不安よりも期待が大きかった。ウォートン校に合格したことが誇らしく、さらに、それまでの郊外生活に別れを告げ、街中で暮らすのが楽しみで仕方なかった。世界は私に微笑みかけている。少なくとも、私はそう思っていた。

実際のところ、私はウォートン校に合格できるだけの努力をしてきた。しかし、この新生活が、交友面や、生活面、学業面で、どのようなものになるのか、まったく想像もできなかった。世界が一変するとはこのことだった。キャンパスを目の前にしたときには、大きな組織へのチケットを手にいれた気でいた。しかし、エントランスロビーに足を踏みいれた瞬間、自分の小ささと大きさとを痛感させられた。この場に立つためにしてきた努力を思いかえせば自分は大きな存在だと思えたが、まだこの大学においては何者でもなく、右も左もわからないことを考えると小さく感じられた。圧倒された、というのが正確なところだろう。

最初に驚かされたのは、ルームメートのリサだった。誤解のないように補足するが、リサは素晴らしい女性だった。ただし、何というか、すべてにおいて完璧だった。入寮前に電話で会話をした際に、すでにその一端を感じていた。寮の同室を割りあてられていた私たちは、学校から互いの連絡先を教えられており、入学前に電話で挨拶をした。姉がウォートン校の学生だったため、リサは経験者でなければわからない情報も得ていた。リサはまず、こうアドバイスしてきた。寮のクローゼットは小さくて必要な衣類を収納しきれないので、自前のドレッサーを持ちこむといい。そして、注文のための必要な情報を送るから、お揃いのベッドカバーで部屋の美観を整えようとも言った。

その時点でも私の服はほとんどが母の手作りであり、さほど衣装持ちでもなかったため、ドレッサーを持ちこむ必要はなかった。さらに、ベッドカバーに関しては母がいい顔をしないだろうと思った。特に高価なものではなかった。しかし、余剰資金が潤沢にある家庭ではなかったため、母が言いそうなことがすぐに頭にうかんだ——きちんと使えるベッドカバーがあるのに、なぜ新しく買うの？　結局、自分の小遣いでベッドカバーを購入することにした。

高校時代も、収入レベルの違う家庭のクラスメートと一緒に通学することは少なくなかったが、一緒に生活したことはなかった。リサはコネチカット州の裕福な層が住む地区の出身だった。父親は法律事務所のシニアパートナーであり、母親はインテリアコーディネーターだった。最初に会ったときのリサは、サロン帰りのようなブロンドヘアから黒い瞳をひきたたせる繊細なメイクまで、ともかく完璧だった。ファッションは当時流行のプレッピーで、早い段階で服の貸し借りはしない主義だと宣言していた。

育ちは大きく違ったが、二人とも同じように学ぶべきものばかりだったと言ってさしつかえないだろう。思いこみを捨て、新たな考えを取り入れながら学業を進める中で、私たちは親しくなっていった。ここで大切なポイントは、新しい環境に飛びこむと場違いを感じがちだが、そう思うのは自分だけではないということだ。すんなり溶けこんだように見える人も、たいていは不慣れな環境に居心地の悪さを覚えている。そして、さらに重要なのは、その感覚は一時的なものであるということだ。あせりは禁物、いずれ必ず、居場所は見つかる。

フィラデルフィア市内やウォートン校のあるペンシルバニア大学のキャンパスは、実に興味の尽きない場所だった。人種その他を問わず、頭脳明晰で優秀かつ魅力的な人物とそこかしこで出会えた。圧倒的に白人の多い大学だったが、学生数が多かったため、そうでない者も多数在籍していた。私はひと握りしかいないアフリカ系アメリカ人の一人ではなく、大勢いる同胞や他の人種の学生に囲まれるようになった。これまで加わることなど考えられなかったコミュニティが目の前にあった。ハワード大学で2カ月を過ごしたにもかかわらず、私はあまりに無知だった。アフリカ系アメリカ人の文化について、自分が何も知らないのを思い知らされた。意味のわからないスラングや言いまわしが耳に飛びこんできた。聴いたこともない音楽や、見慣れないダンスを知った。ビッド・ホイストやスペードのようなおなじみのカードゲームですら、私が高校時代に遊んだものとは異なっていた。何よりも重要だったのは、アフリカ系アメリカ人としてのアイデンティティはこうしたものとの関りではなく、アメリカを肌で感じながら「黒人として生きていくことに対する共通の思い」であると学んだ点だった。

交友関係についてもときに急ピッチでさまざまなことを吸収していったが、学業の比ではなかった。ウォートン校で、私は自負していたほど優秀ではない（正確には勉強方法を改善しなければならない）ことを思い知らされた。これまで良い成績をおさめてきたのは、一夜漬けのおかげだった。学校、アルバイト、課外活動と多忙を極めていた私は、テストの直前にすべてを暗記することで乗り切ってきた。真剣に授業を受け、ノートを取っておいて、テスト前夜に猛勉強するのだ。大学では、各講座のカバー範囲が格段に広く、また学期ごとのテストは通常2回のみであるため、このテクニックは通用しなかった。最初の中間テストの成績は、2科目がB、他の2科目はCだった。私は茫然とした。さらに悪いことに、ウォートン校の学生は、私と同等以上に競争意識が強かった。全米から選りすぐられた優秀な学生たちが、相対評価で成績をつけられるのだ。私が学ばなければならないのは学問だけでないのは、明白だった。しかし、ほどなくして一人で学ぶ必要はないこともわかった。

ここで少し時の流れを速めて、2年生の1学期に話を進める。この頃までには別の学習方法を体得し、悪くない成績をとれるようになっていたが、会計学だけが悩みのタネだった。初めてテストでDをとったのが会計学だった。人生初のD評価を受け、恥辱のあまり死にたいと思った。それまでの私にとって、Bですら失敗だった。数日間落ちこんだが、やがて心の声が聞こえてきた。それで、どうするつもり？　私は教授を訪ね、アドバイスを求めた。返ってきたのは、バランスシートの作成に時間をかけすぎたために、他の設問に取り組む時間がなくなったのだろうとの指摘だった。そして、学習方法について2点の助言を与え、教科書の中から次回のテストで集中的に勉強すべき箇所を教えてくれた。実際に訪ねていったことで、私が学業に真剣に向き合っていて改善する気持ちがあるのが、教授に伝わったようだった。苦労の末に取った成績はCだったが、このときに学んだ重要なことは会計学ではなかった。サポートが必要であれば、相談すればいい。大学生になる前に、これを教わっていたらと思えてならない。だからこそ、ここで伝えたい。黙って悪戦苦闘してはならない。教授に相談するのだ。（社会人についても同じだが、それは後章で述べる）。

もう一度、1年生の時期に話を戻そう。見知らぬ人との出会い、初めての寮生活、今までにない考え方、経験したことのない役割、味わったことのない自由、食べなれない食事、新しい機会――ウォートン校での最初の学期は、目まぐるしく過ぎていった。自分が苦しんでいたのを自覚したのは、11月になり、ふさぎこみがちになったのに気づいたときだった。家族が恋しかった。まだ帰省する時期ではなく、当時は長距離電話料金が高額だったため、緊急事態でもなければ家族に電話できなかった。そのため、電話で相談することもできないまま、さまざまなことに適応しなければならなかった。しかし、サンクスギビングに帰省すると、自分が本当に渇望していたのが何だったかわかった。ハグだった。私の家族は「ボディタッチ」が多かった。ハグをし、肩をたたき、手をつないだ。ウォートン校ではそのような機会はなく寂しかった。そして、母の手料理だ。母は料理上手だったが、学校のカフェテリアは月並みといったところだった。私が悪名高い「1年生の7キロ」、太ることはなかった。むしろ、少し痩せたくらいだった。

振りかえってみても、私が（いや、私に限らず若者が）準備万端整えた上で大学生活をスタートできるとは思えない。生活のあらゆる面が、しかも同時に、それまでとは一変する。備えようがないはずだ。両親は、手の届く限り最高の教育を受け、成功を手に入れるチャンスを広げるよう、私に教えてきた。しかし、子どもにとって「チャンス」の意味は明確ではない。慣れた環境を飛び出し、世界は目のくらむようなチャンスで満ちていることとを目の当たりにするまでは、本当の意味はわからない。結局、ウォートン校での生活になじむのに役立ったのは、子どもの頃から転校するたびに私を助けてくれたテクニックだった。課外活動に精を出し、積極的に友人をつくることだった。

1年生が終わる頃には、私はいくつかのグループ（ウォートン・ウィメン、ステッピング・ストーンズ、ゴスペルクワイア）に加わり、同じ黒人の友人も見つけた。学内の黒人コミュニティと深くつながりたいと思った私は、友人のカーラと一緒に、2年生からW・E・D・デュボア・カレッジハウスに引っ越すことにした。アフリカ系アメリカ人のカルチャーを重視した寮で、年間をとおしてさまざまなエンリッチメントや社会活動プログラムを運営していた。私はまた、ビジネスとリーダーシップに特化した、ブラック・ウォートンにも加入した。自分が関係してきたグループのそれぞれで友人をつくるよう心がけてきたが、アフリカ系アメリカ人のコミュニティにかかわるのは、これが初めてだった。私はすべてに夢中になった。アフリカ系アメリカ人の歴史を学び、ジェシー・ジャクソンのようなコミュニティリーダーに会って話を聞く機会も得た。ブラック・ウォートンで出会った同胞の多くは、私同様に白人社会で育っていた。同じ経験を経てきた友人が初めてできたのだ。お互いの境遇や体験に心から共感できた。ここでは、私はアウェイではなかった。

友人が増えるにつれて、初年度ならではの苦しさは薄れていった。このときの経験が私固有のものでないことが、最近になって研究で明らかにされている。大学での交友関係が充実すれば、学業成績も上がる。[参考文献4] 交友関係は決して障壁や阻害要因ではなく、むしろ成長を後押ししてくれる。成績優秀な学生ほど、幅広い交友関係を築いているのもうなずける。大学ではそれまでとは異なる観点で交友関係を築くようになる。大学の友人はいわば同僚だ。互いに好感をもてることが根底にはあるものの、頼りあうチームメートなのだ。学習のパートナー、リソースをシェアしたりノートを貸し借りしたりするクラスメート、または家族の代わりと言ってもいい。特にマイノリティの学生にとっては、絆の固い友人がサポートし、慰め、受け入れてくれることが安全地帯の役割を果たす。それが自信をもたらし、学業成績につながるのだ。

　大人の視点で振りかえってみると、大学に進学しなければ出会えない機会があると両親が言ったのは、こういうことだったと思う。自分は、スキルを磨き、経験を積み、人脈をつくり、何事かを成し遂げられる人間であり、だからゴールを目指して思いきった行動をとっていいのだと気づく機会が、大学にはある。つまり、大学で学ぶのは学問だけではない。自分には居場所と強固なベースがあり、アドバイスをしてくれる教授も、困ったときには頼りあえる仲間もいる。その確信を手に入れるのが大学だ。1年生を終える頃には、校舎のエントランスロビーで立ちすくむことはなくなった。要領はつかんだ。人脈もできた。私はしっかりとした足どりで歩き始めた。

それ以上の収穫は、野心的な人間が必ず経験するパターンに気づいたことだった。大きな一歩を踏みだしたとき、着地するのは必ず学習曲線における次の段階の底辺である。それでいい、そういうものなのだ。その時点で必要な知識をすべて備えてはいないだろうが、必ず要領はつかめる。自分を信じて進めばいい。

第9章　360度、戦略的になる

2年生の終わりの夏休みになると、私は友人グループとキャンパス外に住むことに決めて、スプルースストリートに一軒家を借りた。引っ越したその瞬間から、シェアハウスは活気に満ちていた。みんなで一緒に料理をし、その日何があったかを話しあい、まるで家族のようだった。常に誰かしら友人が来ていた。ある週の土曜には、一人の発案で、屋根の平らな部分でチーズとワインのピクニックを楽しんだ。私は大人になった気分を満喫していた。まもなく人生最大の決断をするとは、知るよしもなかった。

それは、IBMでインターンをして一年ほど経った頃だった。IBMはさまざまなタイプの人に出会える大企業であり、金曜の夕方には必ずどこかでパーティらしきものが開かれていた。昇進、子どもの誕生、社員の誕生日（乾杯する理由は何でもよかった）などを祝して、お金を出しあい、川岸のボートハウスをレンタルした。学期中の私には職場の人と交流をもつ時間のゆとりはなかったが、夏は別だった。

「ボートハウスのパーティに行く？」6月のある週の金曜日に、インターン仲間に尋ねられた。「行きたいとは思うけれど」私は言った。「交通手段がないの」

「それなら大丈夫。私の車で一緒に行こう」彼女は言った。「きっと楽しいよ」

それなら、ということで、仕事終わりに彼女の車に同乗した。

ボートハウスパーティと聞いてとてつもなくしゃれた集まりを想像していたが、実際には、初夏の陽射しの下みんなでおしゃべりやダンスを楽しむだけの気楽な会だった。ダンスが好きだった私は、ダンスに興じて緊張をほぐした。年上の同僚と踊りながら、とても洗練された気分を味わった。ある男性が一緒に踊ろうと繰り返し誘ってくれた。誘ってくれるときはいつもテンポの速い曲だったが、私たちが踊り始めると、必ずバラードにきりかわった。

「妙な偶然だね」二度目か三度目のときに、彼は笑いながら言った。瞳が輝いていた。いい人だと思った。スーツとネクタイを着こなしていて、ルックスも申し分なかった。身長が１９０㎝近くもあり、逆三角形のアスリート体型をしていた。自信に満ちていながら立ち居振舞いに楽しげなところもあり、おそらくはその場の最年少だった私を軽い冗談でなごませてくれた。彼は私よりずっと年上で、35歳くらいに見えた。

私たちはその後も何度か一緒に踊り、やがて彼はセールス部のスコッティだと自己紹介した。何度も私をダンスに誘ったことから考えて、彼は私にアプローチをかけているようだった。私はと言えば、相手が年上すぎて興味をもてなかった。しかし、楽しかったのは事実で、そもそも私たちは職場の仲間だった。私はその後も彼と踊った。

10時近くになってパーティはお開きとなった。ダンスフロアにいた人たちは、ウィスパーズというクラブに二次会へ行く話をしていた。

「二次会はどうするの?」私は友人に尋ねた。

「私は帰らなければ」彼女は言った。「誰かの車に乗せてもらえそう?」

「ぼくの車で行こう」スコッティが言った。まだ彼がすぐそばにいたのが不思議だった。「どう? 帰りも家まで送ってあげるよ」

私は彼を見やって、少し考えた。ほとんど知らない相手だが、まったくの他人ではない。同じ職場で働いていて、同僚たちも同じ場にいる。近くにいただけの男性とバーに繰りだそうというわけではない。問題が起こるはずもないではないか。

「オーケー」私は言った。「ウィスパーズに行きましょう」

スコッティの車は黒のマツダRX-7だった。車のドアもクラブのドアも開けてくれた彼を、優しい人だと思った。同僚が到着するのを待つ間に、スコッティは飲み物をごちそうしてくれた。そして、私たちはまた踊り始めた。

二曲ほど踊った後、私は周囲を見まわした。「スコッティ、パーティの人たちが見あたらないみたいだけど」スコッティが首を振った。「そのうち来るだろう。のんびりしているだけじゃないかな」

結局、同僚は一人も来なかった。5、6人は来ると私に言っていたが、誰も現れなかった。そのため、私は倍近く年上の男性と二人きりで夜遅くまで踊ることになった。正直に言えば、とても楽しかった。サンドラ・デイ・オコナーの最高裁判事指名など、その日のできごとについて話もした。スコッティは、女性が舵をとれば世界はもっと良くなるとの持論を展開した。彼はユーモアいっぱいにIBMの顧客や自身の家族の話をしてくれた。

スコッティに送ってもらって帰宅したとき、彼がまた会いたいと思っているのをひしひしと感じた。そのときまでには、私も彼に興味をもつようになっていた。優しくてハンサムで、年齢よりもずっと若く見える。それでも、歳の差は大問題だった。だから、家のドアまで送ってくれたスコッティが「また会いたいな」と言ったとき、私は彼の顔をまじまじと見た。

「スコッティ、あなたはいくつなの？」私は尋ねた。彼はきまり悪そうに笑った。「38歳だ」

「私は19歳なの。ごめんなさい、あなたは年上すぎる。でもありがとう。とても楽しかった」

「ちょっと待って。どういうこと？」手を大きく広げてスコッティは言った。「何が――」

「いいえ」私は言った。「ありがたいけれど、ノーよ」私はきびすを返すと玄関を入り、彼の面前でドアを閉めた。

その夜以降、私は職場のいたるところでスコッティと出くわすようになった。違う建物で働いているので、それは不思議なことだった。そもそも、以前は見かけることすらほとんどなかった。しかし今では、私のデスクの脇の通路や私が機器のトレーニングをしているデモンストレーションルームを通ったり、仕事を終えた私が帰宅しようとエントランスを通るとそのあたりにいたりする。どこに行ってもスコッティがいた。彼の姿を見かけるたびに、私ももう一度話がしたいと思った。しかし、そんな気持ちをふり払おうとした。のぼせあがっているだけだ。しかし、自分がスコッティの姿を求めているのに気づくまで、時間はかからなかった。ひょいと顔をのぞかせて、笑いかけてくれるのを待ち望んでいることを。

数週間後、私は考えた。この感情を自分のシステムから排除しなければならない。付き合ってみて問題点がわかれば、それで終わりにできるはず。

自分でもどのような展開を期待していたのかわからないが、年上の男性と付き合うのは、若い男の子との付き合いとはまったく違った。相手にルックスの良さだけを求めている若者の虚勢や見せかけだけの魅力の代わりに感じたのは、スコッティの落ち着きや謙虚さ、乾いたユーモア、そして誠実に私を思ってくれる心だった。一緒に過ごす時間に自分のこと（その日のできごと、興味、意見）ばかり話すのではなく、どこまでも私に興味をもってくれた。傾聴し、私を一人の人間として扱い、何よりもそれまでの私が経験したことのないほど敬意をもって接してくれた。

一度のデートのはずが、何度も続いた。二人ともダンスが好きで、また歳の差カップルという点に落ち着かないものも感じていたため、二人でよくウィスパーズに出かけた。踊っていれば落ちつかなさも薄れ、自然にやりとりできた。年齢差を気にしなくなってからは、会話ももっと楽しめるようになった。スコッティは贅沢ではないディナーや無料のコンサートに連れていってくれた。使ってくれる金額の多寡を思いの強さと勘違いしないように、デートのために散財はさせなかった。しかし、何をしてもどこへ行っても、大学とはまったく違う体験を味わえた。自分が大人の女性になった気がし、一人前をきどってもみた。想像でしかなかった未来に、実際に一歩を記したように感じていた。

理屈で考えればうまくいくはずもなかったが、実際にはとてもしっくりきた。自分が仕かけたことではないかとさえ思うようになった。私は心からスコッティが好きだったし、彼も私に好意をよせてくれた。

後になって、ボートハウスのパーティでＤＪをしていたのは自分のいとこだったと、スコッティは認めた。私と踊るときにはスローテンポの曲にするよう、合図を送っていたらしい。そして、彼の親友であるエドがみんなにアフターパーティの変更を告げてまわった――そのため、他の同僚は別のクラブへ行ったのだ。すべては仕組まれていた。望むものを手にいれるために計画的に動く人間は、私だけではなかったようだ。

◆

7月のある日、私が自室で読書をしていると、廊下から二人のルームメートの声がした。「驚いた、すごく年上なんだもの」一人がこう言った。

私は硬直した。私とスコッティの話に違いない。ドアに向かって聞き耳をたてると、やはり私と妙に年の離れたボーイフレンドのことだった。

選択肢は二つ。部屋に隠れて居留守を使うか、ドアを開けて話をするか。私は直接的なアプローチを取ることにし、廊下に出た。今度はルームメートたちが硬直する番だった。私のほうを向き、口を開けたまま立ちつくした。きまり悪そうな顔を見て、私は吹き出しそうになった。しかし、私はこう言った。「ねえ。ここは古い家だから、壁は薄いの」ナーバスな笑い。「いいのよ」私は続けた。「スコッティは本当に年上だから」

ここで全員が少し笑うことができた。当面の危機は回避できたが、ルームメートのゴシップより大きな問題が待ち受けているのを悟った。私は20歳になったばかりだった。スコッティは父と8歳しか違わず、私より18歳も上だった。うまくいくはずがない。家族は何と言うだろう？　大きな試練が待ち受けていそうだった。そして私は、正面からぶつかる価値があるか否かを見極めなければならなかった。スコッティは真剣に付き合うべき男性なのだろうか？

人間とは、素晴らしい面とそれほどではない面を持ちあわせているセットものだと、私は考えている。完璧な人間はいない。だから、人生のパートナーを選ぶ際には、自分にとって不可欠な要素となくてもいい点が明確になっていなければならない。そこで、要素の棚卸しをすることにした。手始めに、理想の男性に求める要素を（自分だけのために、グラフ用紙に手書きで）書き出していった。熟考したつもりだったが、最初のリストは非常に長かった。そして細かく検証し、どうしても譲れない要素以外は削除した。最終的に残ったのは、自信があること、自活できる収入があること、炊事洗濯と掃除ができること、明るく人が好きであること、家族を中心に考えられること、家で子どもの面倒をみるのを厭わないこと、そして私を無条件で愛しサポートしてくれることだった。

次のステップは、このリストのうちスコッティに該当しない点を確認することだった。それで、彼との関係を終わらせられる。

帰りぎわに車を私の家の前に停めてエンジンを切るのが、私たちのデートの恒例だった。

車の中で何時間も話をし、飽きることはなかった。私たちはあらゆることを話しあった。ほとんどの場合は私が質問を、しかも難しい質問をした。彼の信条や人となり、人生のゴールまで問い詰めた。彼と結婚すべきでない理由を必死で探した。私には明確な人生設計があった。早くに結婚し、若いうちに子どもを産む。その後、キャリアをとことん追求する。この38歳の男性が、私のビジョンをサポートしてくれるかを知りたかった。もしそうでないなら、関係を終わらせて、もっとふさわしい男性を探さなければならない。

大学ではずっとそうしてきた。誰かと付き合っても、結婚相手になりそうもないと判断した瞬間、私は別れを選んだ。何としても20代前半で結婚したかったので、単に楽しいというだけでステディな付き合いを続けていては、人生のパートナーにふさわしい人物に出会うチャンスを棒にふると考えていた。スコッティのほうも焦りを感じていたようだ。歳の差が問題であることは彼にもわかっていた。その上、離婚経験があったため、独身でいるよりも幸福になれるのでなければ誰ともコミットしたくないと考えていた。私たちは繰り返し話をした。デートのたびに、スプルーストリートのテラスハウス前の街灯の下で話しあった。

周囲にあまり話していない秘密をスコッティが教えてくれたのは、付き合い始めてまもなくのことだった。私が一つ一つをじっくりと吟味したのは想像できるだろう。スコッティは過去にやんちゃだったこともあったらしい。学生時代にはパーティ好きで、何かと問題を起こしていたようだ。事実、スコッティはモーガン州立大学から2度ほど退学処分を命じられかけていた。しかし、素行にやや問題があるものの、彼は成績優秀でスポーツでも評価が高かったため、いつも何とか切り抜けていた。徴兵され陸軍の治安部隊員になった後も、よく働きよく遊ぶ男だったようだ。軍の仲間に金を貸しつけ、給料日には二倍にして返させたことも話してくれた。自分が原因だとは露呈しなかったものの大事件（詳細については触れないでおく）が発生し、深刻なトラブルになるところだったことがあるとも告白した。責任を問われる代わりにスコッティは名誉除隊となり、ほぼおとがめなしでビジネス界に飛びこんだのだった。

そのようなことまで話してくれたのは嬉しかったが、良い子の優等生であることが骨の髄までしみこんでいた私には、スコッティの過去が危険に思えた。その上、一度結婚に失敗している。それ以来、彼は独身をとおし、再婚は考えていなかった。

「結婚相手にふさわしいと思える女性にめぐりあわなかったからだよ」スコッティは言った。「独身主義になったのではなく、ただその気になれなかっただけだ」

「でも、家族は大切だと思っていて、子どもも好きなのよね」私は言った。「自分も家族や子どもが欲しいと思わないの？」

スコッティは、瞳を輝かせて微笑んだ。「ふさわしい相手となら、もちろん」

私自身も答えを見つけておかねばならなかった。この人とおくる人生はどのようなものだろうか？　彼はどんな夫になるのだろう？　私は次に何をすべきか、他に知っておかなければならないことはないかを、母に相談することにした。

「自分の母親にどう接しているかが肝心よ」母は言った。「男性は、最終的には母親に対するのと同じように妻を扱うものだと、常々思っているの」

そこで私は、質問し観察し、スコッティが申し分のない息子であるとの結論に達した。母親や妹が困っていたときには一度ならず経済的援助をしており、ヨーロッパ旅行に連れていったことさえあった。「ときどき、母のところに顔を出すことにしている」スコッティは言った。「ご機嫌伺いといったところかな。ぼくは母のお気に入りだからね」確かに、彼の家族の絆の強さは私の目にも明らかだった。

私の報告を聞いた母は黙りこんだ。そして、口を開くと「シェリー、プロポーズされたらどうするつもりか考えた？」と尋ねた。

「ママ！　まだ付き合い始めて数カ月なのよ。結婚なんて話はまだ出ていない」私はそう言いながら、落ち着かない気持ちでいっぱいになった。

「心を決めておくのよ」母は言った。「スコッティの気持ちは固まっていると思う」

今なら理解できる。私のデート戦略は少々やりすぎだったかもしれない。また、誰もが若くして結婚や出産を望むものでもない。スコッティを人生のパートナー候補として意識し始めてから、いろいろあった。恋愛の仕方も人それぞれ。結婚の意味も一様ではない[参考文献5]。家族のあり方はさらに多種多様だ。人生の選択は、人によって異なる。子どもをもたない選択をする人も増えており、もつ選択をしても今までより遅いタイミングで少ない人数をもうける傾向にあり、育て方も違ってきてい[参考文献6]。みなさんの人生設計も家族のあり方も、私とは大きく違うかもしれない。しかし、何を望んでいたとしても、それが叶うよう努力することはできる。人生のパートナー探しを希望するならば、私が学生時代に使ったアプローチは今でも有効ではないかと思う。自身の希望を明確にし、そのために必要となるものを特定し、そこから戦略をたてていく。あらゆることを話しあい、期待や計画を伝え、自分と同じページにいる人を探すのだ。

◆

それは8月のことだった。この頃になっても、ダンスに興じてからスコッティの車の中で熱を帯びた会話をするのは、星空の下を散歩するのと同じくらい楽しかった。私は夢中になっていた。心の中では自分がどうしたいか、痛いほどわかっていた。しかし、スコッティと私にはまだ話していないことがあり、もうこれ以上先延ばしにはできなかった。もしスコッティがプロポーズするつもりなら、どうしても聞いておかなければならないことだった。

ある月のきれいな夜、フィラデルフィアのドライブウェイで私は尋ねた。「子どもについて話したことはあるわよね。あなたも私も子どもが欲しいと思っている」

「ああ、そうだね」スコッティは言った。

「私が子どもの頃、母はいつも家にいてくれた。学校から帰ると、必ず母が迎えてくれた」

「ぼくの母はシフトを夜勤にしてくれた」スコッティは言った。「ぼくが小さい頃のことだけど、子どもたちと一緒に家で過ごせるようにね」

「学校から帰るのは、いつも私が一番先だった。玄関に駆けこんで教科書を置くと、まずおやつを食べるの。母はいつも付き合ってくれて、その日に何があったか聞いてくれた。それから、私は宿題なり何なりをする。妹や弟が帰宅したときも、母はだいたい同じようにしてあげていた。そして、父が仕事から帰ると、家族揃って夕食をとったの」

スコッティは微笑んだ。「それで……」

「父が帰宅しても、もう誰もその日のできごとをあれこれ話そうとはしなかったと思う。母にすべて話していたから。ニュースの鮮度が落ちていたというところかな。家に帰れば母はいつだっていてくれたから、子どもたちのことは何でも把握していた。だから私たちは、母に促されてようやくその日のニュースを父に話したの」

スコッティはうなずくと、私に向かって片眉を上げた。

「だから決めたの」私は言った。「特に子どもが学齢期のうちは、誰かが家にいるようにしたい」

「そうだね」スコッティは笑みを見せた。「それはいい考えだと思う」

「ええ。ただしね……それを私だけの役目にしたくないの」こう言うと、私はスコッティをじっと見た。

私の言わんとすることを理解したスコッティは、やや目を見開くとひと呼吸おいた。「なるほど」

私は彼の様子を観察した。考えこんでいる姿を、何も言わずただ見ていた。

しばらくすると、スコッティはため息をついた。「ねえ、アーシャンボー」スコッティは言った。「ぼくは人生経験が豊富だ。転職も二回していて、仕事が好きなのはきみも知ってのとおりだ」

私は息をころした。「だけど、そうしてもいいと思う。きみのためならね」

私は微笑んだ。「商談成立ね」その瞬間に私は確信した。スコッティこそが運命の相手。

◆

二週間後のある日、スコッティがデートのために私を迎えにきた。このときも、行きつけのウィスパーズヘダンスをしに行くことになっていた。駐車場に車を停めると、スコッティはエンジンを切り、私はドアを開けようとした――しかし、スコッティはシートから動こうとしなかった。

どうしたのだろう？　そう思いながら、ドアから手を離した。

スコッティがカーステレオをつけると、アース・ウインド&ファイアーの「レッツ・グルーブ」が控えめな音量で流れた。スコッティは一つ息をつくと、私を見つめた。

「結婚する気はある？」

時の流れがゆるやかになった。完全に停止していたかもしれない。心の奥底で、低い声が小さく話しかけるのが聞こえた。これは真実の瞬間だ。本当にこれでいいの？　ここから未知の領域に飛びこむ用意はある？

しかし、未知の領域の話ではなかった。私はこうなるよう計画してきた。私はこの男性を理解している。できる限りのことを知ってきた。素晴らしいパートナーになれる人であり、必要とあらば応援団をかって出てもくれるだろう。私が人生に期待するものを理解し、喜んでサポートしてくれる。家族思いで、きっと良い父親になれる人物だ。私は、若いうちに結婚して家族をもちたいと思ってきた。事実、これ以上待てなかった。そして何よりも、私にはスコッティとの人生が想像できた。何度も話を重ねてきたため、はっきりと頭にうかんだ。でも、プロポーズってこんなもの？　私は思った。あまりにも急で、何気なさすぎる。でも、それは問題？

スコッティは心を決めつつあると言った、あのときの母は正しかった。どう返事するか決めておくようにとも言い、私は考えておいたので、返事は決まっていた。大きな笑みをうかべて「イエス」と告げた。

私たちはキスをかわすと、クラブに入っていった。

第10章　自己決定力を育てる

スコッティとの婚約を家族がどう反応したかの話の前に、寄り道をして、自信について話しておきたい。自信とは、周囲のほとんどに否定されたときでも、自分を肯定する力を指す。自分の人生は自分で決められると考える信念（単に選択するのではなく、責任をもって選び取る力）である。

若い頃の私は、自信をもつのに苦労した。ある程度の自信をもってはいたが、グラナダヒルズの小学生時代にほぼなくしてしまった。妹たちがサンタの心配をしていたときに場をまとめた小さな自信家のシェリーは、いろいろな意味でしばらく自分の殻の中に姿をくらました。自我を形成し、高校時代につけていた立方体のペンダントの空洞を埋めるのには、10年以上（8歳から18歳くらいまでの間）を要した。その時期に、愛情深い家族に囲まれ、気にかけてくれる先生たちに出会えたのは幸運だった。私は常に自らの可能性に挑戦し続け、自分を殻からひっぱり出してくれるような、難易度の高いチャレンジをしてきた。ありのままの自分に自信がもてるようになってからは、自分で考えていたよりも大きなポテンシャルがある人間なのだと気づかされることが幾度もあった。

今の私にはわかる。自己決定力をもつには、3つの心理領域「コンピテンス、自主性、帰属意識」が満たされていなければならない。参考文献7 簡潔に言えば、「コンピテンス」は自力で解決する能力であり、「自主性」とは自分にとって何が有益かをしっかりと考慮した上で自分のことを決定する意志を指し、「帰属意識」は場に溶けこんでいる感覚を意味する。ある研究によると、この3つの領域のすべてを兼ね備えていなければ、苦労をしたり、挑戦をやめてしまったりするのだという。反対に、すべてを強化できれば、人生のゴールを設定し、そこに手を伸ばすことが可能になる。

思いかえしてみると、両親は私がこの領域すべてを確立できるよう、心をくだいてくれていた。当時まだこのような研究結果はなかったが、両親は直感と人生経験から実に多くを学んでいた。私の周囲にいる、私と同じ企業のトップやメンター、名士などを思いうかべてみても、やはりこの3つの領域を常に磨き、燃え尽きないよう意識しているように思う。いったん自分なりのバランスを掴めれば、維持するのは難しくない。

私自身を振りかえってみると、コンピテンスと自主性は比較的高かったが、帰属意識に改善の余地があった。コネクションをつくる努力は惜しまなかったものの、「マイノリティ中のマイノリティ」だったため、私は常に疎外感を感じていた。そのため、ウォートン校に入学したときには同じアフリカ系アメリカ人の学生との交流を求めた。自分と同じような人生を送ってきた友人をつくりたかったのだ。より深く帰属意識を感じられれば、大学生活への順応も容易になり、長い目で見てもメリットがあると考えていた。

若い女性や有色人種、移民やその子孫、障がい者、LGBTQの若者、家族の中で初めて大学に進学した学生（異質とされてきた人たち）は、真の自己決定力を獲得するまでに克服しなければならない障壁が多い。それでも、いくつになっても誰もが現時点よりも強固なベースを築くことができると、私は信じている。

自分に目を向けてほしい。充分に発達しているのは、3つの領域のいずれだろうか？　改善が求められるのは？　コンピテンス、自主性、帰属意識を強化するためには、何が必要か？　小さな一歩も大きな結果につながる――IBMの上級職者に電話をして仕事内容についてインタビューする（コンピテンス）、母に服を縫ってもらえるのを待つ代わりに洋裁を習う（自主性）、大学で出会ったクラスメートとの間にコネクションを構築する（帰属意識）など何でもいい。どのような小さなステップが自身の自己決定力を磨くことにつながるだろうか？　そのステップに今日から取り組んでいけば、大きなゴールを設定し実現することも夢ではない。同時に、そのように動き始めることで、他者が懐疑的であったとしても自身の判断を信じる、揺るがない姿勢を堅持できるようになっていくだろう。

第11章　立場を明確にする

スコッティとは6月に付き合い始め、9月に婚約した。大学2年生の終わりにはまだフリーだったが、3年生の始めには婚約者がいたことになる。嵐のようなロマンスは楽しくもあり少し怖くもあったが、同時に運命を感じた。急ぎすぎているとは思わなかった。やるべきことはやった。知るべきことも知った。準備万端整えて、しっかりと心を決めたと感じていた。

しかし、そう思ってくれない人もいた。スコッティからプロポーズされたことを電話で告げると、母はさりげなくこう尋ねた。「それで、あなたは何と……？」

「イエスよ、ママ。私たち、婚約したの！」

「シェリー、おめでとう！　よかったわね」母は嬉しそうな声をした。「あなたは年上の男性と結婚すると思っていた。年齢より大人びているものね。もうすぐ30歳になる3歳とよく言っていたものよ」

私はまだ胸をどきどきさせながら笑った。「ありがとう、ママ」

「でもね、18歳の年の差は大きいわ」母は続けた。「それがどういう意味か、よく考えた？今すぐじゃなくて、30年や40年経ってから。大きな問題は今じゃなく、将来の話なの。スコッティが70代なのに、あなたはまだ50代という頃の話。二人は身体的に、もしかしたら健康面でも、違うステージにいることになる。そこのところをよく考えないといけないわ」

「そうね、ママ」私は言った。「しっかりと考えた。スコッティが運命の人かを検討したとき、その点もちゃんと頭にあった。それから、スコッティはプロポーズするつもりだってママに言われたときにも、やはり考えた。歳の差があることの弊害はわかっているけど、それでも運命の人は彼だと思っているの」

「そうまで言うなら、全面的に応援するわ」母は言った。「お父さんやきょうだいには、どう伝えるつもりなの？」

「しばらく内緒にしてもらえる？」私は頼んだ。「帰省して、直接話したいと思っている」

「それはいいわね」母は優しく言った。

父への報告のほうが問題だった。はかりかねたというべきかもしれない。父は魅力的で話し上手だったが、自分の気持ちを言葉にするタイプではなかった。ある週末に帰省した私が父をランチに連れ出して婚約したと告げると、父は温かく祝ってくれた。しかし、本当に父がどう思っていたのかはわからなかった。後になって、父もまた歳の差を気にかけていたと、母が明かしてくれた。「でも、お父さんはあなたの判断を信じていたのよ、シェリー」母は言った。「決めるのはあなただと考えていたから」

このとき、リンディとニキは18歳と17歳で、アーチはまだ15歳だった。リンディは大学に入学する直前で、アーチはまだ運転免許を取れる年齢になっていなかった。20歳の私は大人の階段を上り始めていたが、きょうだいたちはまだ自分たちと同じくほんの子どもだと考えていたため、フィアンセが40歳近いと聞いていい顔をしなかった。

「そうなの」みんなの前で発表すると、ニキはこう言った。疑わしげな表情に、冷水を浴びせられた思いがした。「わかった……よかった、と思う」

「そうだな、おめでとう」アーチは中途半端な笑みをうかべた。

リンディは無言だった。初対面のときのスコッティの冗談が少しばかり度を超していたため、リンディはスコッティを嫌っていた。妹にとってあの失礼な男は論外であり、そう思っていることが私に伝わろうと、まったく気にとめなかった。

そして、祖母の番だ。翌週だったかその次の週だったか、私は祖母の家を訪ねた。すると、10分もたたないうちに、祖母は私を叱った。「シェリー、よく考えないで結婚すると、すぐ離婚することになるよ」祖母は厳しい表情で言った。

「わかっている」私は言った。「じっくり考えて決めたの」

「じゃあ、彼はなぜ再婚しなかったのか考えた？　もう38歳なんだろう？　これまで何をしていたの？　おまえは――」

「おばあちゃん」私は祖母をさえぎった。「おばあちゃんのことは大好きよ。でも、週末の間ずっとこの調子なら、私は学校に戻る。せっかく会いにきたから、喜んでほしかった。でも私は決めたの。おばあちゃんが何と言おうと、気持ちは変わらない」

祖母はきつい目で私を見ると、話題を変えた。

最終的には、家族全員がスコッティを気に入り、受け入れてくれた。しかしこの時期には、その後も私が多用するようになったテクニックを繰り返し試すこととなった。疑念をつきつけられても、熟慮した上での判断に自信を示すのだ。自分の望みを理解し、断固として堅持した。すると、やがて家族も私に同意してくれる。

第12章　評判の獲得

大学の3年生になる頃には、自ら練りあげた計画どおりの人生をフルスロットルで疾走していた。婚約を果たし、週に三日ＩＢＭで働き、フルタイムでクラスを受講し、さまざまな課外活動に参加して、その上チーズのオードブルを無料でもらうために、レセプションがあればボランティアスタッフとして働いた。怒涛の人生だったが、私は楽しんでいた。

その年、私の学生生活は本格的に花開いた。大学生活のコツがわかってくると、昔のようにリーダーシップをとりたいという気持ちが頭をもたげてきたのだ。3年生でブラック・ウォートンの会長選挙に立候補し当選した。学校や課外活動のプロジェクトでもまとめ役をかってでるようになった。チームメートの特技や関心を的確に把握できるようになり、参加メンバー全員がモチベーションを感じ達成感を得られるプロジェクトの立案に熱中した。

プライベートでの目標は、良い成績で卒業し、それまでに結婚資金を蓄えることだった（このときになっても残ったオードブルをもらっていたのは、そのためだった）。スコッティと私は、私が卒業してから結婚することに決めていたため、交際期間はわずか4カ月だったのに対し、ほぼ二年もの婚約期間を置くことになった。二人は可能な限り、週末は会うようにした。その一方で私は、今まで以上に貯金に精を出した。その時点で貯金はすでに数千ドルに達していたが、最低でも一万ドルは用意したいと考えていた。

欲ばりすぎた計画だったのは間違いないが、一つ一つの項目にこだわりがあった。取捨選択ができなかったので、睡眠時間を削って取り組むようになった。簡単ではなかった。大学生活に熱中しすぎて、スコッティとの関係をないがしろにした時期すらあった。ときには、手を広げすぎて肝心の学業がおろそかになったこともあった。ストレスがたまってパニックを起こし、疑念やネガティブな思いでいっぱいになり、何もかもうまくいかないように思えてならないこともあった。そんなときは友人か母に電話して、心を落ち着かせた。しかし、おおむね何とかこなしていたように思う。

一年が猛スピードで通りすぎた。立ち止まって進捗を確認するゆとりができたのは、4年生の最初の週になってからだった。その週にスタートした新しいマーケティングのクラスには、実際の企業をコンサルティングするプロジェクトがあった。教授が学生をグループに振り分けると、私はいつもどおりチームメートに挨拶し自己紹介した。

女子学生の一人が「シェリー、一緒にプロジェクトができて嬉しい。あなたは噂の的だもの！」と言った。

私は少しめんくらった。見かけたことはあったが、知り合いではなかった。自分がキャンパスの有名人であるとは思ってもみなかった。自分にどんな評判がたっていて、どうやってそれが彼女の耳にはいったのか、見当もつかなかった。本当に私の話だろうか？　それとも他の誰かと勘違いしているのか？　「ありがとう」私は応えた。「でも、どういう意味？」

「あなたは、いつもスーツを着ているでしょう」彼女は言った。確かに、IBMで仕事のある日は、着替えるために帰宅しなくていいよう、大学にもスーツで行った。

「すごく印象がいいのよ、シェリー。もう仕事を持っていて、立ち居振舞いもプロフェッショナルらしい。みんな、あなたと同じチームになりたがっている」

インポスター症候群が律儀に姿を現した――これまでよりも格段に自信に溢れていたにもかかわらず、私の目に映る自分は、学校から仕事へと走りまわり、すべてを何とかこなそうと必死になっていた、昔のままの姿だった。自分が周囲にどう思われているかを気にしたことはなかった。確かに仕事はあった。学内でリーダー的役割を果たしていたのも事実だった。就職のオファーや面接の予定も複数あった。すべての科目でAをとれてはいなかったが、自分で立てた人生設計どおりにウォートン校を卒業し、結婚し、キャリアをスタートできるのはまちがいなかった。入学以来ずっと、日々ベストを尽くしてきただけだったが、知らぬ間に良い評判がたっていたようだ。人は外見から、相手の人となりを想像する。私はこれを覚えておくことにした。

ちなみにその日以来、私は仕事に行く服装で通学するようになった。その場にふさわしい格好よりも少しだけ身ぎれいにするよう、常に心がけた。ファッションに関心はなかったが、きちんと見えるように努めた。見た目が人の印象を左右することを、実体験で知ったからだ。リーダーシップをとろうとする女性には、特に重要なポイントである。きちんとした服装をすれば、自身の心理状態や自己認識まで変わってくることが研究で明らかにされている。[参考文献8] それに、ドレスアップするのは楽しい。今でも、疲労困憊したり体調が優れなかったりした朝は、特に服装に気をつける。ドレスアップすればほめてもらえる。そのおかげで気分は回復するのだ。

また私は、評判を獲得するとはどのようなことであるかもこのとき学んだ。大きくものをいうのは学歴や成績だ。良い教育は道を開くと教えられ、またそう信じてきた。しかし、「良い」教育とは何だろうか？　良い仕事に就くには、一流大卒でなければならないだろうか？　５段階評価で４・０をとらなければ、企業に見向きもされないのか？　学士号より上の学位は必須なのか？

大学を卒業して初めて就職するときは、教育（大学名、成績、学位）が大きくものをいう。しかし、その後に大きく影響することはない——学校での成績よりも職場での評価が重視されるからだ。たとえば、私の実績を前にして、私がウォートン校の修士号でなく学士号しかもっていないことを気にする人はいない。

もし就職に際して他の候補者よりも学歴面でハンデがある場合、どうすべきだろうか？まず、大学がどこであっても、できる限り活動的な学生生活を送り、ネットワークを構築し、学生仲間や教授から一目置かれるように努力する。良い成績をおさめるだけではなく、論文や書籍を発表する、課外活動などで代表を務める、賞を受賞するなど、学業に留まらない評価も視野に入れる。

次に、学士号を取得したのがハーバードやＭＩＴのような有名大学ではないのであれば、大学院進学を検討することを勧める。ローンを組んで学費を捻出する人もいるが、大学院の学資をサポートしてくれる企業を探すのも一つの手だ。社員としてのポテンシャルを認めてもらえれば、高い専門知識をもつ社員を必要とする企業が該当する学位の取得に向けた学資を支援してくれるケースも多い。その代わりに一定期間その企業で働くことが条件となるのが一般的だ。

最後に、クリエイティブであれ！　学士号を取得する。大学院を修了する。新しい仕事を始める。戦略的キャリアチェンジをする。いずれの場合も、どうしたら自分の能力、熱意、意欲をフルに示せるかを考えてほしい。つまるところ、キャリアステージにかかわらず、雇用者が求めるのはそういった資質なのだ。

教育システムは変化の時を迎えているとされているが[参考文献9]、方向性は明らかではない。しかし、成功のための戦略は変わらないだろう。まず、ジョブマーケットでの自分の価値を上げられそうな教育やトレーニング、そして仕事に目を向ける。そして、自分の価値と熱意を実績というかたちで示す。やがて、学士号をどの大学で取得したかは問題ではなくなる。自分の名前や輝かしい経歴で勝負するようになるのだ。

第13章　共同計画のパートナーになる

スコッティは、母親のためであれば、自分の用事をすべて放りだし、いくつも州を越えて車を走らせる男だった。大切な人のもとに駆けつけ、それに喜びを感じる。助けるという言葉の意味は、すべてスコッティから教わったように思う。二年の婚約期間中、私の家族は何度もスコッティの心の広さを目の当たりにした。私抜きで、私の家族に会いに行ったことすらあった。彼らのために料理をし、妹や弟のバスケットボールやフットボールの試合を観戦した。スコッティに対する猜疑心は、すぐに愛情や賞賛に変わった。リンディや祖母は手強かったが、最終的には二人もスコッティに好意的な目を向けるようになった。

並行して、私のほうでも、彼の家族と親しくなっていった。

「バド、一つ聞いてもいい？」ある日、スコッティが言った。バドはスコッティが気にいった人すべてに対して使うニックネームで、私もそう呼ばれることに慣れていた。

「ええ。何？」

「きょうだいから聞かれたんだ。姓を変えるつもりがないのはどうして？」

この件について話したことはあまりなかったが、最初からの約束だった。気が変わったのだろうか？「自分の姓が気にいっているの」私は言った。「めったにない名前だから、そのままでいたい。あなたに改姓しろとは言わないけれど。自分自身のためにアーシャンボーでいたい。それでいいと言っていたけれど、気が変わった？」

スコッティは歯を見せて笑った。「いや、そうじゃない。アーシャンボーはいい名前だ。ただ、なぜ姓を変えたくないか聞いたことがなかったから、聞かれても答えられなかった。あいつらにはそう言っておく」

二人とも予想はしていたが、スコッティのきょうだいの中には私に姓を変えさせないのは、彼の沽券にかかわると考える者もいた。スコッティ自身はまったく気にとめず、屈辱的だとも思わずに、私の判断を支持してくれた。私が惹かれたのは、彼のそのような面だったように思う。

婚約して以来、私たちの深夜のディスカッションの内容は、自分たちの信条や価値観から より現実的なものへと変わった。二人の将来について延々と議論した。そう、スコッティは私の計画のパートナーになったのだ。私はCEOになる夢への第一歩を記そうとしていたが、納得のいく期間内に実現するにはどのような職種を選ぶべきだろうか？ 私が一家の大黒柱になるにはどのくらいかかるだろう？ その間、スコッティのキャリアはどうなるのか？　子どもはいつ頃もうけて、どのように育てていきたいか？

　この時期、採用担当者がキャンパスまで出向いてくれる企業の面接を受けていた。その一社がゼロックスだった。テクノロジー企業であり、幹部候補生として悪くないポジションをオファーしてくれていたため、私は前向きに検討していた。しかし、最善の選択であるかに確信がもてなかった。ソフトウェアとコンピューティングは将来的な成長領域だと考えていたが、ゼロックスは機器が主力であり、その方向性を変える様子はなかった。面接を進めていく中で、私の頭の中をＩＢＭがよぎるようになった。あらゆる面で、私のゴールに合致しているように思えた。数回のブランクを挟んでいたものの通算で四年近く働いており、好ましい職場だと思っていた。

　ただし、ＩＢＭに留まるなら、ただちにファストトラックに乗らなければならない。まずは管理職、そして最終ゴールのＣＥＯを目指すのだ。手始めに、現職を含む歴代のＣＥＯについて調べた。彼らはどのようなルートで昇進してきたのか？　パターンはすぐに見つかった。ほとんどがセールス出身だった。では、私もセールスから始めるとしよう。

　私は周囲に否定されても、自分を強くもつ。ウォートン校の友人に自分の計画を話すと、どうかしていると言われた。「ウォートン校を卒業して、ＩＢＭのセールスに入るの？　考えられない」彼らのイメージするウォートン校の卒業生は、ウォール街で働くか、Ｐ＆

Gでブランドマネジャーになるものだった。つまり、セールスはさほど聞こえのいい仕事ではなかった。ピアプレッシャーに屈したり、周囲の期待に応えるべく計画を変更したりする局面だったかもしれない。しかし、私はそうしなかった。私にはゴールがあり、最も標準的な到達ルートを調べた。それがセールスだった。だから、その道から外れるつもりはなかった。

キャリアパスが決まったところで、スコッティと私は他の計画にとりかかった。これから紹介する戦略と、スコッティと私の実行手腕は、今でも私の自慢だ。6月に卒業式を控えた私は、8月25日に結婚式を予定した。IBMにセールスとして入社する者は、12〜18カ月を要する規定のトレーニングを修了しなければならない。当時のIBMは、セールス部門の社員には給与を支払った上で、定期的にダラスかアトランタでトレーニングを受けさせていた。私は昇進のチャンスが多いと考えて、メインフレームやソフトウェアおよびアフターサービスを担当する大規模システム部門を希望していた。そのため、入社すれば一年か、それ以上の期間、数週間おきにダラスへ行く必要があった。

しかし、華々しくキャリアをスタートさせたい一方で、私はすぐにでも家族をつくりたかった。そこで考えた。早く出産したほうが、自分たちの計画には好都合だろう。しかし、キャリア計画と家族計画を併走させれば、セールストレーニング期間と妊娠期間（しかも妊娠後期）が重なる可能性が高く、飛行機でダラスを往復するリスクには抵抗を感じた。しかし、私には考えがあった。ある夜、スコッティの家のリビングルームのソファでくつろいでいるときに、それを提案した。

「一つしか方法はないと思う。二人でダラスに引っ越すの」

スコッティはあごをかいた。「いいと思う。ぼくが仕事を探せばいいだけだ。ぼくが家を見つけておくから、卒業式を済ませたら来て、ダラスの事業所で仕事をするといい」

「そうしたら、飛行機に乗らなくても車でトレーニングに行ける」私は勢いこんだ。「いくつかのプログラムを前倒しで受講して、出産前にトレーニングを修了するのもいいかもしれない」私にとって、何事も速すぎるということはなかった。

スコッティは眉をしかめて笑いながら、首を振った。「アーシャンボー、何を言っているんだ？　子どもがきみの計画どおりに生まれなかったらどうするつもり？　世の中にはきみの思いどおりにならないこともあるはずだよ」

「やってみてもいいでしょう」私はスコッティをクッションで叩いた。

「感心するよ」スコッティは言った。「きみと家族をつくっていくのが楽しみで仕方ない。だけど、乳児をかかえて共働きするなら、子どもの世話をどうするかを考えておかなければ。二人だけでは無理だよ」

「それも考えてある」私は言った。スコッティは声をあげて笑った。「そうだろうね。言ってみて」

「単なるベビーシッターでは不充分だし、毎日保育園に連れていく手間もかけたくない」私は言った。「住み込みのお手伝いさんを雇えば家事も任せられるから、二人とも仕事と家族の時間のことだけを考えていられる」

「そうだね、いいと思う」スコッティは言った。「でも、費用がかかるよ。ぼくは悪くない給料をもらっているけれど、家を買って、結婚式の費用を支払い、出産までの支出を捻出するとなると、それほどゆとりはないはずだ。金銭的に無理はないのかな？」

「わからない。でもやってみなければ」私は言った。「キャリア形成には最初の二年が肝心だから、必要とあらば仕事に集中できる余地が欲しい。それ以外はどうでもいい」

「きみにとって重要なら、具体的に考えていこう」私のひざに手を置いて、スコッティは言った。

「私のキャリアにとって重要よ。ということは、私たち家族にとって重要なはず」

「ほら、また子どもの話だ。もう生まれているみたいだな」スコッティはにやりとして、私のひざに置いた手に軽く力をいれた。「さあ、電卓をもってきて」

むろん、スコッティは正しく、計画には私のコントロールできない要素も含まれていた。

しかし、それでその先へ邁進するのを諦めるつもりはなかった。賢く計画すれば、自分たちのタイミングで望みを叶えられる可能性は高くなる。そこで、私たちは予算計画にはいった。

めどがつくまで何度も試算した。子どもの世話を優先順位のトップにし、他は予算の残りで賄うことにした。資金はあまり潤沢ではなかったが、ナニーのための部屋を確保できる、安価な家をダラス郊外に手にいれた。通勤時間が長くなるため、燃費のよい車を、おそらくは中古で二台購入する必要があった。スコッティは講演をする代わりに無料でクルーズに参加させてもらう契約をとりつけ、ハネムーンの費用を節約した。結婚式の費用は私が負担した。残りはすべて貯金と突発事項への備えとした。

これで計画は整った。スコッティはただちに、現在よりも高い職位でダラス事業所に勤務できるポジションに応募し、2カ月もしないうちにプロダクトマネジャーの職についた。ある週末に二人でダラスに赴き、家を探した。そして、スコッティはダラスで働き始め、私は卒業に向けてラストスパートをかけつつ、結婚式の準備にとりかかった。

私は盛大な結婚式を希望していた。費用は私の負担だったので、私の思いどおりにさせてもらった。まず、近しい人には私の横に並んでもらった。私の家族は全員で参列した。今まで（ロサンゼルス時代からコネチカット、ニュージャージー、フィラデルフィア時代まで）に私が親しくしていた人と、スコッティの大学時代の友人をすべて招待した。招待客は400人におよび、うち300人が参列してくれた。スコッティは、テディ・ペンダーグラスのツアーにも同行したフィラデルフィアの伝説的バンドリーダー、アルフィー・ポリットにつてがあった。披露宴では彼の演奏でいつまでも踊った。

ただし、一つだけミスもあった。アルフィーがダンスフロアに私たちを呼びこむ前に、二人の姓が違うことを伝え忘れていたのだ。スコッティの正式名はクラレンス・スコットであり、私はシェリー・アーシャンボーのままでいることになっていた。二人の家族や友人の前で私たちがフロアに登場すると、アルフィーはマイクを手にして話し始めた。

「ご紹介します……スコッティ・スコット夫妻です！」

スコッティは涙が出るほど大笑いしながら私をひきよせ、キスをした。

それ以外には何の問題もなく終わった。結婚式の後、スコッティと私は飛行機でニューヨークに向かい、高級ホテルに1泊した。翌朝には別々の飛行機で、それぞれの仕事へと戻り、一週間後にハネムーンのカリブ海クルーズに出かけるまで、一度も顔をあわせなかった。そして、ダラス郊外のレンチハウス様式の家に引っ越して、働き始めた。

ここから、私の本当の冒険が始まった。大人としての冒険だ。準備万端、私は心からそう思っていた。

PART 3

計画を実行する

第14章 計画の実行

昔あるところに、望むものをすべて手にいれた女性がいた。愛情深い夫、将来性のあるキャリア、そしてお腹の中には新しい生命。しかし、そこに現実がたちはだかった。

私の壮大な計画は順調に進行していた。結婚後まもなく妊娠し、ダラスに引っ越したおかげでＩＢＭのセールストレーニングを通常よりも速くこなしていた。出産後は五週間の産休をとり、大きなセールス会議に間に合うように、一人前のセールスとして復帰する。

しかし、少し急ぎすぎたようだった。トレーニングを前倒しで修了したため、妊娠８カ月のときにノルマを割りあてられた。人生は計画を立てている間も待ってはくれないとは、よく言ったものである。

連日の激務と通勤、予算内での家具購入、子ども部屋の準備などの合間に、スコッティと私はマタニティクラスに通い始めた。呼吸法の練習があったが、私は適当にお茶を濁した。クッションを支えにして床に横になると、スコッティが横で私の手を握ってリズムをとる。「大きく息を吸って……短く吐く、吐く、吐く……大きく息を吸って……」１、２

回練習したところで、私は買うつもりの食品のリストを小声で伝えたり、スケジュールの相談をしたりするようになった。私は無痛分娩をするつもりだったからだ。

私は痛みに強いほうではなく、出産の痛みについては喜んで〝オプトアウト〟する。自然分娩の選択を否定するつもりはないが、私は痛みにうまく対応できない。むしろ、対応しないようにしている。紙で手を切っただけで泣きさけぶ弱虫として有名だったくらいだ。恐怖のパートは割愛して、生命の奇跡を祝う瞬間に直行したい。スコッティは私の選択に賛成してくれた――正直なところ、スコッティは痛みに苦しむ私を見るのも、血が流れる場面に立ちあうのも嫌だったため、喜んで子どもが生まれてから対面することにした。分娩室に入るつもりはなかった。だから私は、マタニティクラスは要らないと考えた。かたちだけは続けたが、スコッティ共々、心ここにあらずだった。私は無痛分娩で出産する、それだけだ。

授かるのは、自分に欠けている資質をもつ子であって、自分の都合にあった子どもではない。よく耳にする言葉だ。自分たちの都合で頭がいっぱいの親を、娘のケスリンがどう思っていたかは、すぐに思い知らされた。

6月17日。私は早朝に目を覚ました（妊娠後期に熟睡できる妊婦はいない）。いつもと同じように、すぐにバスルームに行った。お腹をかばいながらも、スコッティを起こさないようそっとベッドから出た。ちょうど夜が明ける頃で、窓の外には静まりかえった近所の家々のシルエットが見えた。私はぎこちなく歩いてバスルームまで行き、腰をおろした。圧迫感を感じ力んでみたが、何も起こらなかった。しかし、次の瞬間にぴんときた。子宮の収縮痛だ。始まるの？　私は思った。これが陣痛なの？　しかし、何かがおかしかった。すぐに再び痛みを感じた。陣痛の間隔はもっと長いはずでは？

「スコッティ」私は大声で呼びかけた。スコッティが寝返りをうつ音がした。立ちあがってバスルームのドアに向かいかけたとき、再び収縮痛を感じた。

「スコッティ」再び大きな声を出した。「ねえ、陣痛がきたみたいなの」

スコッティは跳ね起きた。「あ、ええと、わかった。ストップウォッチを取ってくる」

スコッティがその場を離れると、また痛みが襲った。痛みは激しくなり、私はかがみこんだ。ペースが速すぎる。最初はもっとゆっくりなはずでは？　私は思った。不安になってはいけない。とにかく呼吸して。

ストップウォッチで計測すると、思ったとおりだった。陣痛の間隔は5分未満だった。こんな状況になるなんて信じられない。心の準備ができていますように。スコッティが病院に電話している間に、私は着替えた。陣痛のたびに息が荒くなり、休憩しなければならなかった。すると、スコッティの温かい腕が私を包んでくれた。「バド、パニックになる必要はないよ。でもすぐに病院に行かなくてはならないみたいだ」

病院が車で15分ほどの場所にあったのは幸運だった。なぜなら、到着した頃には分娩が始まっていた。子宮口が8cm開き、赤ちゃんが出かかっていた——麻酔をかける時間はない。ごく軽微な痛みも耐えられない私が、自然分娩で出産しようとしていた。

想像してほしい。ストレッチャーに乗せられた私が、蛍光灯があかあかと灯るトリアージエリアにいる。看護師が私の腕に点滴の針を刺そうとする。私は痛みで悲鳴をあげ続け、ようやく息がつけるようになるたび、鎮痛剤をもらえるよう懇願する。スコッティは私の手を握り、落ち着けようと顔を優しくなでる。看護師たちが大声でやりとりをしながら、医師を探している。まさにカオスだった。ようやく迎えにきた分娩室の担当チームは、混乱の中で、スコッティが立会いを希望していると思いこんでしまった。そして、ガウンを着せると一緒に分娩室に入った。私たちの計画とは正反対に事が進んでいた。

産みの苦しみに対する心の準備など何一つないまま、私は出産にはいった。かわいそうなスコッティはパニックに陥り、悲鳴をあげる私の手を握るだけで精いっぱいだった。陣痛が一瞬やわらいだすきに、私は叫んだ。「スコッティ！　手を離して！」彼に力いっぱい握りしめられた手には、しばらくあざが残った。

どうやら娘は決断力のある子どもで、生まれるべきタイミングを自分で判断したようだった。何から何まで喜劇的だったが、15分で幕は下りた。

力の限りいきむと、誰かが「出てきた……」と言うのが聞こえた。「女の子です！」という明るい声を聞いて、身体の力が抜けた。そして、赤ちゃんの泣き声がした。看護師が赤ちゃんに対面させてくれた。産湯を使うために連れていくまでのわずかな時間だったが、目を閉じて握りしめた小さな手をときおり動かす弱々しい存在を目にすることができた。私は目を閉じた。まだ息が荒かった。身体が痛くて、疲れきっていて、ほっとして、そして、とてもとても幸福だった。ベッドをのぞきこんだスコッティが口を開く前に、私は言った。「がんばったわね！」スコッティは笑って私にキスした。

この瞬間から、私たちは家族になった。練りあげた計画の詳細など、もはやどうでもよかった。このときの私には、娘以外のものは眼中になかった。

出産後に半個室に入ったときには、大量の汗をかいていて、しかも悲鳴をあげ続けたため声がかれていた。出産に要した時間はわずか15分だったというのに。同室の女性が身体を起こすと、私のほうを向いた。

「たった今出産したのはあなた？」彼女は尋ねた。「あの悲鳴はあなただったの？」

身の縮む思いでうなずいた。どうやら私は、ケスリンの誕生を病院中にアナウンスしたらしい。

◆

続く数週間というもの、ケスリンと私の生活はお互いを中心としてまわっていた――子どもの存在や疲労困憊した夜、か弱き存在のはかなさ、そして生命の奇跡の力強さを前に、自分のアイデンティティが瓦解し再構築される、子育ての特異な時期だった。娘は息をのむほど美しい存在だった。

娘はまた、自分が他者よりも強く優秀で、新生児を育てながらでも数週間のうちに仕事復帰できるはずだとする考えを、ことごとく蹴ちらしてくれた。最強の戦略家だったはずのシェリーに何があったのだろうか？　すべてを掌握していると断言していたシェリー――彼女はどこに行ったのか？　突如として自分がまったくの五里霧中であることに気づいた。自分は広大な世界の中の一人の人間にすぎない――そのような気持ちに再び襲われた。孤独で不安だった。これほど自分の弱さを痛感したのは、久しぶりだった。

それまでは、自分の弱さを感じると家族に頼ったものだった。家族は私に力をくれた。子育てを始めたばかりのとき（いや、いつだってそうだった）には、スコッティは必要とあらば重荷をすべて背負ってくれた。私がそうする側だったこともあったかもしれない。スコッティの冷静さと処理能力のおかげで、私はどっしりと構えられるようになった。母もまた私のために労をいとわず、二週間も滞在してサポートしてくれた。ケスリンが生まれてすぐにベッキーというナニーが見つかり、彼女が引っ越してきたことで私たちに日常が戻った。母乳で育てていても、深夜2時の授乳は哺乳びんを使うことにすれば、スコッティが担当できると、病院の看護師が教えてくれた。（私の結婚相手の選択は間違っていなかった！）さらに私が職場復帰するにあたって、母乳から哺乳びんへの完全移行が格段に容易になるというメリットもあった。

私の職場復帰までまだ時間があるうちに、二人でスケジュールを決めた。スコッティは深夜2時の授乳を担当する。6時は私で、8時はベッキーだ。スコッティは早朝（5時か6時）に出勤し、私は8時頃まで家にいた。昼間はベッキーがケスリンの面倒を見て、16時半に帰宅したスコッティがその後を引き受ける。私は19時までに帰宅する。このルーティンに慣れる頃には、私の睡眠スケジュールが正常に戻り気分も安定していくのだが、その時点ではそのようなことは予想すらできなかった。

それでも、スケジュールを決めたことで気が楽になった。職場復帰の時期について悩んでいるとき、私は自分に言いきかせた。想定内よ、きっと大丈夫。実際には大丈夫ではなかった。五週間で復帰するのがどれほど難しいかを理解していたら、そのような計画は立てなかったろう。しかし、計画に対する私の思い（信頼と言い換えてもいい）が私を前進させてくれた。スコッティと一緒に立てた戦略が自分の夢に基づいていることを自覚していたため、ともかく早く戦列に戻りたかった。

ああ。23歳の自分がどれほど精力的だったかを思い返すと、今でも呆れてしまう。たとえば私の復帰した週は、初めて大きなセールス会議に参加する週でもあった。大イベントを意識した私は、出産後可能な限り早い段階からエクササイズを始めた。このような会議には、会議だけでなく、リゾートでのお楽しみも含まれているから、水着を着なければならないからだったが、そもそもこんな考え方をする者がいるだろうか？

出張のための荷造りすらも真剣勝負だった。スコッティとベッキーが私の留守中の保育プランを検討している横で、泣いている娘をあやしたり搾乳したりしてときおり中断したものの、産後体型の私が着られるものを探して手持ちの服を手あたり次第に着てみた。スコッティは私を心配していたようだったが、産後すぐにセールス会議のために出張することへの不満をもらすことは一瞬たりともなかった。この会議の重要性を理解し、私を全面的にサポートしてくれた。スコッティには感謝してもしきれない。私のほうは、娘と離れると考えただけでも寂しくてたまらなかった。動物としての本能か遺伝子レベルで感じることかわからないが、心のどこか深いところからわきあがってくる感情だった。

それでも、私は出張に行った。荷造りを終え、夫と子どもに何度もさよならのキスをすると、タクシーに乗って空港に向かった。家を後にするタクシーの中で、私は窓の外を見やった。ガラスに映る自分の顔の輪郭が、ダラスの街や車の上を移動していく。ああ、私は思った。これは現実なのだ。私はIBM社員に戻るのだ。しかし、自分は大きく変わったように思えた。実際、私は変わった。計画どおりにキャリアを追求する――それには心が躍った。しかし、どうしようもなく悲しいのはなぜだろう？　想定外だった。強烈な感情がせめぎあっていた。

空港では、ケスリンのことが頭から離れず、それを追認するかのように母乳がもれてきた。急いでバスルームに行き、母乳パッドを交換しなければならなかった。すると、猜疑心に満ちた聞きなれた声がした。できるのか？　見当もつかなかった。しかし、やってみなければわからない。

そのとき、会議がキャンセルになったと言われたら、私は5分で帰宅し、娘を抱いていただろう。しかし、幼い娘と一緒にいることのほうが、キャリアの礎を築くことになる大舞台よりも重要なはずだから会議を欠席すべきと言われたら――私はどうしたかわからない。しかし、今の私にはわかる。会社が早期の復帰を強要したのではない。私が決めたことだ。ケスリンは自分の夫とナニーがきちんと面倒を見てくれるとわかっていたから、そして欠席すればキャリアの上で大きなハンデとなるような重要な会議だと知っていたから、私は出張に行った。私は合理的な選択をし、心身両面で代償を支払った。ケスリンを置いていくのは忍びなく、心が、そして乳房も痛かった。私は仕事に復帰するまでできる限り自分で授乳していたので、突然断乳したことになったからだ。自分の決断の痛みと不快感を体感した。しかし、後悔はなかった。

この会議が私にとってどれほど重要だったことか。高校生の頃から計画していたことだ。そのために大学を選んだ。戦略も立てた。トレーニングを（前倒しで）修了したのもそのためだ。これは大人になったシェリーが、職場で求められている業務を遂行する初めての経験となるはずだ。ケスリンが生まれる数週間前から、一人前のセールスとしてノルマを割りあてられていたが、それでも今とは違っていた。それまでの私は普通のセールスではなかった。妊娠後期にある新人だった。今回の会議からは、ようやく能力や実績で見てもらえる。シェリーという名のセールスパーソンになる気満々だった――それ以上もそれ以下も頭になかった。

何よりも、三日間にわたるこの会議は年に1度しか開催されない。そして、ここで私の営業成績が決まる。セブン-イレブン、ニーマン・マーカス、食品スーパーチェーン、全国展開している大手小売チェーンなど私の顧客の意思決定者と顔をあわせる機会だ。私というセールスを覚えてもらい、人間関係のきっかけにする。後日売り込みに行けるよう、私の顔と人物を知ってもらう必要があった。是が非でもその場にいなければならない。いや、いたいと思った。ひとたび腹をくくった後は、心の底から行ってよかったと思った。妻となり、母となり、プロのビジネスパーソンとなった私の最初の数年間のテーマは、これだった。大人としての私のテーマがこれだ。犠牲ではない——選択だった。

最終的に会議は大成功であり、あっという間に終わった。今となっては会議のことは何一つ思い出せない。覚えているのは帰宅したときのことだ。疲れてはいたものの充足感を感じながら、タクシーを降りると玄関に向かった。我が家には灯り一つついておらず、静まりかえっていた。ケスリンはもう眠ってしまったに違いない。ドアを開けると、スコッティが居間の椅子に座って伸びをしているのが目にはいった。スコッティは眠そうな様子で立ちあがった。私よりずっと疲れているようね、と私は思い、スコッティを力いっぱいハグした。そして、静かな急ぎ足で、娘の部屋に向かった。

ケスリンは天使そのものだった。明るいココア色の肌でまるまると太り、あごがほんの少し二重になっていた。耳はとても小さく、髪はまだまばらに生えているだけだった。眠っている娘の口が少し動いた——寝言を言っているかのようだった。私は愛おしさでいっぱいになった。すると、母乳が溢れてくるのが感じられた。

◆

会議の数日後に、友人のジェリーから私たち夫婦に電話があった。

「今夜、予定はあるかい？　クラブに有名なバンドが来るらしいんだけど、行かないか？」

私は大笑いしかけたが、かろうじて小さく笑うにとどめた。「ジェリー、うちには赤ちゃんがいるのよ」「そうだった」ジェリーは言った。「忘れていた。でも、ベビーシッターを雇えばいいじゃないか」

このときはたまらず大声で笑ってしまった。「無理よ。いきなり来てもらえるものじゃないの。楽しんできて」

電話を切ると、スコッティが意味ありげに微笑みながらこちらを見ているのに気づいた。

「何？」まだ少し笑いながら、私は尋ねた。

「アーシャンボー、最近は、ダンスは家でするものになってしまった気がするよ」

スコッティが手をさしだし、私たちは静かな居間でスローダンスを踊った。スコッティが何を考えていたかはわからないが、私の心ははっきりしていた。これが現実。昔の生活はもう戻ってこない……でも、それでいいのだ。

実際には、私たちには居間で踊るほどの時間もなかった。この後二年ほどは、仕事をし、料理して食べて眠るだけで精いっぱいだった。昼は不鮮明なまま過ぎ、夜はあまりに短かった。もちろん、数えきれないほどの幸せな瞬間があったが、果てしない責任と恒常的な睡眠不足が一緒についてきた。母親がこれほど大変な職業だったとは！　子育てに慣れないうちは特にそうだ。やらなければならないことは多く、時間は足りない――この時期に多くの女性が極度のストレスに苦しみ自己批判的になるのもむべなるかなである。誰もが悪戦苦闘している。自分だけができないのではない。それがわかるだけでも気持ちが楽になる。

私が最も手をやいたのは、泣いているケスリンの世話だった。何をしてほしいのか言葉で伝えてくれないことに、フラストレーションがたまった。「言葉で言って！」私は懇願した――むろん、娘が言葉を話せるはずもなく、二人ともいらいらし続けた。スコッティは泣いている娘を鷹揚に受けとめることができたため、もっとうまく対処できていたように思う。もしかしたら、私がそう思っていただけかもしれない。ともかく娘にはつらい思いをしてほしくなかったため、どうしてやればいいのかわからないときには、身を切られる思いがした。

しかし、ケスリンはすくすくと成長した。美しく賢い子どもで、私たち夫婦は娘の物覚えの早さに目をみはった。ベッキーのおかげもあって、ケスリンは健康そのものに育っていた。目のくらむような多忙を極めていたが、思い描いたとおりの人生になっていることは間違いなかった。夫婦で戦略を立て、予算を組み、トレードオフをして、娘に不自由をさせないで仕事を続けることができた。自分の決断を信じていいと思えるようになり、時が経つにつれ、それが自信に変わった。万事うまくいっていた。

　また、私は自分たちの戦略的プランニングの力を実感していた。資金計画の一部でも変更していたら――子どもの世話を最優先事項にしなかったら、もっと高価な家を選んでいたら、新車をリースすることにしていたら、娯楽のための予算を多めに確保していたら、今の状況にはならなかっただろう。娘がきちんと世話をしてもらっているという安心感――いろいろなものを諦めて手にいれたものだが、悪くないトレードオフだった。過去のシェリーとスコッティに少しだけ感謝し、これまで以上の自信をもって仕事に臨むようになった。

第15章 場の理解

私はＩＢＭでの物事の動かし方を把握できるようになってきた。入社から一、二年経ち青二才の新人ではなくなった頃、私はパターンを掴み始めた。具体的には、重役になるためのパターンを発見したのだ。ＩＢＭのＣＥＯになろうと思えば、まず重役へのレールに乗らなければならない。しかし、重役たちは同じ地球の住人ではなく、何光年もかなたにいるとしか思えないこともあった。

では、彼らのような存在になるにはどうすればいいのか？　ＩＢＭでは大きな会議が多かったので、そういった場での重役たちの振舞いを観察した。彼らはいつスピーチを依頼されても対応でき、さらに印象的だったのは、いずれもスピーチの名手だった。大勢の人を前にして、緊張する様子はまったくなく、リラックスしていた。私に欠けているスキルだった。私も、学生時代にさまざまな団体でスピーチをした経験はあった――しかし、何百人もの聴衆の前に立ち、原稿なしで話すのはまったく違う。私にとって安全地帯外の行動であり、考えただけで心拍数が上がった。明らかに改善が必要だ。そして、私には解決策の目星がついていた。

ある夜、私はトーストマスターズのパンフレットを手に帰宅した。ケスリンを寝かしつけ、スコッティが夕食を終えるまで待った。スコッティが大きく息をついて椅子の背にもたれかかると、私は立ちあがり、片手で食器を片づけながら、もう片方の手でパンフレットを彼の前に置いた。

「トーストマスターズのことで相談したいの。受講しようと思っている」

スコッティは豪華なパンフレットを開いた。「トーストマスターズか。スピーチを学ぶクラブだね？　知り合いが二人ほど参加した」

「そう。パブリックスピーキングのスキルを身につけるためのグループ。いろいろなトピックについて、人前で話す練習をさせてくれて、うまくなるまで率直なフィードバックをくれる」私はシンクに食器を置くと、水を流し始めた。「重役になりたいなら、この分野に強くなっておかなければいけないと思うの」

スコッティはテーブルから立ちあがると、私のほうに来た。キッチンカウンターによりかかって、私の顔をまっすぐに見た。「そうか。ぼくはきみの味方だ。わかっているよね、シェリー。でも、これ以上上手がまわるのかい？」

私は微笑んだ。自分がどれほど疲れて見えるかわかっていた――スコッティも同様だったからだ。「それを相談したかったの。通うなら、週に二日、仕事帰りにということになる」スコッティが視線をはずした。その結果どうなるかをシミュレーションしているのがわかった。週に2回、私抜きで夜に家事をし、ケスリンに食事を与え寝かしつけることになる。ほんのわずかな時間しか夫婦が顔をあわせられない夜が、週に2回もあるということでもある。

水道を止めると食洗器のドアを開け、食器を入れる間、スコッティに考える時間を与えた。そして、振り向くと腰に手をあてて言った。「無理をお願いしているのはわかっているけれど――」

「確かに無理なお願いだな」スコッティはそう言ったが、目は笑っていた。「でも、きみが熟考した上で必要だと言うなら、ノーとは言わない。どうすればうまく回していけるか、きみの考えを聞かせて」

翌日から数日間かけて、必要な時間を捻出する計画を二人で練った。金銭的な余裕はなかったため、手持ちのリソースは時間だけだった。貴重品を扱うように――実際に貴重だった――慎重に考えていった。充分効率的だったスケジュールをさらに合理化して、私がトーストマスターズに参加している間は、スコッティが一人で対処できるよう変更した。

私たちの決断がもつ本当の意味を、二人とも理解していた。結婚前の合意どおり、私のキャリアをスコッティの仕事よりも優先する。スコッティは自分のキャリア開発ではなく、私のキャリアのために時間を融通してくれた。自分が時間とエネルギーをキャリアに注ぎこんでいる間、夫が子どもと一緒に家にいてくれることのありがたみを痛いほど感じた。今でも感謝している。ベストを尽くして可能な限り最高の水準の生活をさせることで、家族に恩返ししたいと考えていた。

思い定めた方向に着実に歩みを重ねるうちに、時はどんどんと過ぎていった。ふと周囲を見まわして、物事がようやく安定し先行きがみえるようになったと感じることは、誰しもあるだろう――変化を起こしてもいいというサインだ。１９８６年になる頃には、ケスリンは一人で走りまわれるようになり、よく笑い、よくおしゃべりする子どもになっていた。トーストマスターズを修了していた私は、大きく自信をつけ、背筋までぴんと伸びるようになった。セールス実績は上々で、次のステップを目指していい段階にきていると自負していた。

全力で職務にあたる一方で、自分の前に広がる可能性を観察し理解することに努めて、ＣＥＯの座を射とめるベストな方策を考えていた。高校の進路指導員との面談で得た気づきを基に、私は探求し成長を続けていった。ＣＥＯの経歴や実績をつぶさに研究した。一つ確かなことがあった。黒人女性のＣＥＯは見あたらなかった。つまり、私がチャンスを掴むには、人一倍の努力が必要なのだ。具体的にどうしたのか。ウォートン校に入学し、学業にもアルバイトにも精を出し、課外活動にも参加し、高い評価を得た。すべてやり遂げた。では、次の質問だ。活躍したい場はどこなのか？　昇進機会が増えていくのはテクノロジー業界、その中でもソフトウェアとコンピューティングだと推測して、トップ企業であるＩＢＭで職を得た（ＣＥＯを目指していなくとも、トップ企業を選ばない理由はない）。この時点までのところ、ＩＢＭでセールスからキャリアをスタートするとした戦略的選択はまちがっていなかった。しかし、次のステップはどうしたものか。まずは重役に名を連ねる必要があり、それには統括的なマネジメント経験を積まなければならなかった。現実的な第一歩は、事業所長のポジションだろう。私はこのように、ゴールに向けた選択を重ねながら、急ぎ足でマイルストーンに到達していった。

言うまでもなく、私はすべてに期限を設定していた。デッドラインなしでは計画は自己満足に終わり、いたずらに時間をかけたり、流れに任せたりしがちだ。期限を決め遵守すれば、物事をきちんと片づけていくようになる。そこで、当時のＩＢＭの事業所長について調べ、ほとんどが30代で所長職についていることを知った。なるほど。期限は決まった。30歳で事業所長になる。

並行して、家族計画の次なるステップにも進もうとしていた。スコッティと私は、結婚前に子どもの数についても話しあっていた。男の子と女の子が生まれたら二人、最初の二人が同性だったらもう一人。最大で三人。ケスリンの出産が麻酔なしのカオスになってからというもの、私は二人目の話をほとんどしなかった。スコッティは私に時間をくれたが、ケスリンが2歳になるとこの件を持ち出すようになった——しかも、その頻度は増すいっぽうだった。ある日、丸々と太った小さな天使を見ながら、「二人目」に関するおかしな考えが耳に飛びこんできた。小さな天使をもう一人……実際の出産のことは考えない。奇跡のことだけ考えて！　重要なのは奇跡のはず。

自分を納得させるのに時間はかからず、１９８７年の半ばには、天使が本当にやってきた。私は再び妊娠し、前回と同じ歓喜と悪心、怖れとホルモンの変化、身体的不快感、そして明るい夢と再会した。私たち家族にまた新たな一員が加わるのだ。

第16章　再考はしない

初秋のある夜のことだった。夕食を終えたばかりの私は、ケスリンをひざの上であやしていた。うとうとし始めた娘に、私は優しく声をかけた。「あなたの弟か妹は、どんな顔をしているのかしらね？　名前はどうする？」娘の髪をなでながら幸福感にひたっていると、スコッティがソファの隣に腰をおろした。

「なあ」スコッティは静かな声で言った。「ニュースがある」

私は彼のほうに向きなおった。私は微笑んで言った。「どんなニュース？」

スコッティはビールグラスを高く掲げた。「昇進した。ぼくが受けると言えば、ということだけど。ペンシルバニア州のハリスバーグにあるカスタマーセンターのマネジャーのポジションが空いたそうだ」

「おめでとう、素晴らしいじゃない。ケスリンを寝かせてくるから、それから話しましょう」娘をベビーベッドに寝かせながら、このニュースのもつ意味合いに思いをめぐらせた。スコッティにとっての良し悪しは考えるまでもなかった。もちろん良いことであり、適切なポジションがあれば任地は問わないとした二人の考えからも問題はなかった。フィラデルフィアに戻れば、互いの家族の近くにいられる。私も今より高いポジションで異動できるだろう。でも、私は妊娠している。それを知っても、会社は好待遇で異動させてくれるだろうか？

私はキッチンに行き、また戻ってくるとソファに座った。「わかった。受けましょう。ただし、私は妊娠していることを誰にも言わない」

スコッティは首をかしげた。「いいよ、でもどうして？」

「私は空きさえあれば、上級職になれると思う。でも会社は、妊娠中の女性をセールスの上級職にしたがらない可能性がある。特に、産休の心配なく仕事を続けられる男性候補者がいる場合には、そう考えると思う」

スコッティは私の手をとった。「なるほど。では、誰かが気づかないうちに行動しなければならないね」

「ただし、両親には伝えておきたい。私たちがフィラデルフィアに戻ってくる、しかもすぐにもう一人孫が誕生すると知ったら、大喜びすると思うの」飛行機で移動する代わりに数時間車を走らせるだけで家族に会えるようになると思うと、私の顔に笑みがうかんだ。

「それから、シェリー、話したいことはもう一つある」スコッティは言った。「この異動を受けるなら、ぼくのキャリアのための引っ越しはこれで最後にする」

私はいっそう大きな笑みをうかべた。何が言いたいのかすぐにわかった。これがスコッティのキャリアのためにする最後の転居になるのは、今後どこに住むかは私のキャリア次第になるからだ。二人目の子どもが宿ったということは、二人で立てた計画どおりスコッティが専業主夫になるときが近づいていたのだった。

◆

大企業で働いた経験のない人のために、よく言われている話は本当であることを伝えておきたい。周囲を出し抜き昇進しようとする社員が大勢いるため、生存競争は熾烈だ。一方で、大企業には選択肢も昇進機会も多い。企業でのキャリアパスを見つける力学にはいろいろな要素がある。それまでの私は、この力学を使いこなしていた。

IBMでの私の実績は上々だったため、何の問題もなく上のポジションでハリスバーグに異動できると考えた。そこで、私のとったアクションは、いくつか打診してくれるよう事業所長に依頼しただけだった。ハリスバーグの事業所長に連絡してもらったところ、セールスの上級職に空きがあった。私は（妊娠のことは誰にも告げずに）面談を受け、合格した。一件落着。

私たちに有利に働いた要素が他にもあった。私たち夫婦はいずれも、再考するたちではなかった。結婚するはるか前からしっかりと人生設計について話しあってきたため、これが自分たちにとって最善の選択であることに疑いはなかった。想定した軌道上のアクションだった。私の両親がそうであったように、望ましくない展開を先に心配したり、細かい点に神経をとがらせたりすることはなかった。あるべき方向に進んでいると信じ、私たちはすべてを鷹揚に受けとめた。

フルタイムで働く妊娠中の若い女性にとって、このような信念は重要な精神的ベースとなる。もし自分の選択が正しいか否かに迷いを感じ、別の場所でポジションを見つけられるかを心配していたら、どうなっていたか想像もつかない。新しい仕事（私は昇進し、学習曲線の次のステージの最下部に到達した）を覚えながら、ハリスバーグの街に慣れ、生まれてくる子どものための準備を進め、新居を整えていくだけで、ひと苦労だった。計画どおりに人生を展開する以外に目を向ける余裕は、私にはなかった。

第17章　委任する

息子のキートンが生まれる前、母がハリスバーグまで足を運び、引っ越したばかりの新居に数日滞在してくれた。私たちにとって新しい住居だったのみならず、新築物件でもあった。そのため庭は手つかずのままだったが、私は花壇が欲しいと思った。私のイメージする理想の家には、木陰と花が欠かせなかった。余剰資金がなかったため、私は自分で庭づくりを始めた。週末のほとんどを費やして地面を掘りかえし、マルチング材を運び、植物を植えた。自分で庭に植えた木を目にして、この上なく誇らしく思ったものだった。

しかし、それ以外には課題が山積していた。庭づくりは一段落したものの、家のしつらえには着手すらしておらず、新居に「落ち着いた」と言えるにはほど遠い状況だった。そこで母に連絡し、カーテンなどの調度を整えるのを手伝ってくれるよう依頼した。毎日夕方には、二人でおしゃべりをしながら布を裁ち縫製し、人生や結婚についてのアドバイスを母からもらった。何事につけ意見のある人だったが、ほとんどの場合、母は正しかった。

ある日の夕方の日没後だったと思うが、母と私は一時的に裁縫室として使っていたダイニングルームにいた。テーブルの片側には足踏みペダルと電源用コードのついたミシンが置かれていた。背の高いデスクランプの下、母は前かがみでミシンに向かい、針の動きに合わせて、手で布を前に進めていた。もう片側には、間に合わせの裁断用ボードや種類ごとに分類された布の山、型紙、まち針、はさみ、メジャーなどの裁縫道具が載っていた。壁際にはアイロン台が置かれ、私はそこに立って、これから母が縫う、どこまでも続くような長い布の縫い代をまち針で留めていた。

「シェリー、覚えておいて」縫い終わってミシンの足踏みペダルから足を離しながら、母は言った。「私には、やり方を知らないものがたくさんある」

私はまち針を刺す手を止めた。「どういう意味？」

「わかっているでしょう」母は肩をすくめた。「窓掃除の仕方。ごみの出し方。車のオイルの交換方法。それから……」私の顔に笑みがうかんだ。「パパがやっていることね」

母の口元も目も笑っていた。「そのとおり」母は言った。「そして、これからも覚えようとは思わない。いい？　自分ができると周囲に知られたものは、あなたがやるべきだとされる。だから、自分はタッチしないで、他の人にやらせなければいけないこともあるのよ」

人生最良のアドバイスの一つだと言ってもいい――そして、タイプAの女性にとっては、従いにくいことこの上ないアドバイスだ。これは家事に限ったことではなく、女性の仕事と思われていることすべてにあてはまる。結婚したばかりの頃、私は夕食や庭づくりから部屋の装飾や外出のプランまで、目についたものすべてを自分でやっていた。

ほとんどの女性が社会進出するようになってから数十年経過しているが、未だに家事の大部分が女性の仕事とされている事実は、これまでも繰り返し検証されている。[参考文献10] 母はどうしてそうなっているかを教えようとしてくれたのだ。「男性は、やらなければならないことがあるのがわからないか、気にかけない」と一般化したいところだが、事実はそれほど単純ではない。実際、スコッティは何事によらず配慮があり、常に手をさしのべてくれる。ただし、私の心の中では、スコッティは手伝っているにすぎず、本来の担当は自分だという考えが拭えなかった。

このパターンは、ほぼ無意識の習慣として世代を超えて受け継がれているように思う。単純なこと（「スコッティ、洗濯を手伝ってもらえる？」）から始まり、白い衣類と色物とを一緒に洗うのを見て、密かに（そうでもないこともあるが）相手の業務遂行能力を判断する。そして、簡単な用事をさせることはあっても、全体を任せたりはしない。

なぜ夫が自分のやり方で洗濯するのを容認できないのだろうか？　どうして最終責任は自分にあると思うのだろうか？　少なくともこのような傾向をもつのは私だけではないようだ。一般的通念では、家事は「女性の仕事」とされてきたため、女性は自身で行ったか否かにかかわらず、家事の質を自分の質と見なす、と言われている。[参考文献11] 言い換えれば、夫がしわだらけのシャツで出かけたとき、人の視線（夫ではなく自分に向けられる）が気になるのは私だということだ。時代遅れな考え方で、理論的でも実践的でもない。世代が交代していくにつれ、こういったジェンダーロールの刷りこみは薄れていった。しかし、習慣は残っており、それが家庭のみならず職場における行動にも影響している。

実際に職場ではこうなる。自分の強みと弱みを把握し、弱みを改善していくことが重要であるとする考え方（職能開発の場でしばしば耳にするもの）がある。私はナンセンスだと思う。チームにとっての自身の価値を高めたければ、強みをさらに強化すべきだ。しかし、成功したビジネスウーマンの多くが、あらゆることを自分でしかも巧みにこなせなければならないと考えている。たとえば、ＣＥＯとして尊敬を集めている女性でも、料理ができなければ恐縮する。料理の腕を理由に自分の能力に疑問を呈する男性には、お目にかかったことがない。女性は書類のフォーマットという簡単な作業ができなければ自分を責めがちだが、男性はためらうことなくそういった業務をアシスタントに任せる。簡単に言えば、家庭でも職場でも、女性は助けてもらうことに後ろめたさを感じ、スムーズにマルチタスクをこなせなければ能力不足だと思う傾向にある。

こういった精神構造は、家庭では息苦しさを感じさせ、職場においてはキャリアアップの足かせになる。組織で昇進するためには、責任を負い、適切なメンバーに業務を担当させ、新たな課題に直面した際には他者にアドバイスを求めることが肝要である。完璧なスーパーマンにはなれないことを、頭ではわかっている。しかし、他者が充分に遂行できる業務を任せたり、必要に応じてアドバイスを求めたりするスキルを身につけられず、キャリアが頭打ちになってしまった女性は少なくないのだ。

私はよく、「業務の手を広げるほど、給与は低くなる」と言っている。他者を使いこなして業務を進める技量こそ、昇進し上のポジションを任される理由だ。上級職者は働いていないという意味ではない。ほとんどは激務をこなしている。ただ、一から手を動かさないだけだ。チームに着想を与え、導き、レビューし、調整し、激励して、戦略実行に必要なタスクを遂行させる。

私の家では、優先順位をつけ、自分のタスクを自分で決定し残りは他者に任せるよう、母が自分なりの表現で教えてくれた。母の教えを習慣にできるまで時間を要したが、ともかくそれが私にとってのスタートとなった。一人で庭づくりはできないが、スコッティには手助けをする時間も興味もないと悟ったとき、私たちは造園業者を雇った。そして、ケスリンの面倒はベッキーにみてもらっていた。他者に任せられることは他にないだろうか？

この質問がいよいよ重要になるときが、目前に迫っていた。

第18章　自分の限界を受け入れる

出産予定日が近づいていた。ケスリンの出産が思いがけずドラマチックなものだったことを踏まえ、担当医は今回も突然産気づく可能性があると考えた。さらに、胎児が大きかったためお腹も大きかったので、予定日の三週間前に出産することにした。身体に負担がかかっており、早く終わらせたいと思っていた私は大賛成だった。また、自分でコントロールする余地が大きく、確実に無痛分娩できるのも魅力だった。ひと言で言えば、再びあの激痛を経験するつもりはなかった！

自分たちの決断をほめたいと思う。三週間の早産だったにもかかわらず、息子は3・8kgもあった。身体に負担がかかっていたはずだ——予定日まで待っていたら体重4・5kgの子どもを出産するはめになっていただろう。そうなる代わりに、生まれたてで産湯も使っていないしわくちゃの小さな男の子を自分の腕に抱けて、私は満足だった。息子のほうも、早めに生まれたことに不服はないようだった。

息子はすぐに、輝くようにかわいい、チャーミングな子どもになった。名前はキートンにした。１９８８年のことで、これで私の家族は完成した。

　キートンはまたたく間に周囲のアイドルになった（3歳の姉も例外ではなかった）。ケスリンはキートンを溺愛し、世界のすべてから弟を守る守護者をもって任じた。前回同様、最初の数週間は生活が一変した――私と息子は世間から隔絶された小宇宙で生きていた。ソファに脚をぴったりと閉じて座り、その上にキートンを寝かせる。小さくふっくらした足を手で押さえて、自分のひざを揺らして息子をあやす。かがみこんで足にキスする。ケスリンが弟の顔をのぞきこみ、身体にタッチしながら、部位の名称（頭、鼻、口）を声に出して言う。優しく、と私が娘に言う。夜になってスコッティが帰宅すると、みんなが笑顔で何枚も写真を撮る――疲労困憊していたが、愛が溢れていた。

　しかし、１９８０年代のことで、堂々と産休がとれるのは六週間だった。職場復帰はあまりにも早くきた。しかも通常業務だけではなく、従来どおり行事への参加も求められた。社会的に穏当な表現がうかばないので、ストレートに言う。スコッティと私はハリスバーグ事業所の幹部としては唯一の黒人夫婦だったため、注目度の高いイベントにはしばしばお飾りとして出席を要請された。あるイベントでＩＢＭがテーブルを一卓確保すると、そこには私たちの席があるというわけだ。結果として私たち夫婦は、平均的な専門職夫婦よりも会社関係の行事に参加する頻度が高かった。スコッティも私も人に会うのが好きだっただめ、新たなコネクションを構築する機会に恵まれるのは大歓迎だったが、それは義務が増えることでもある。平日の仕事が夜にも及ぶようになった。

キートンが2歳か3歳になるまで、この状態が続いた。愛しい我が子たちとできる限り多く充実した時間を過ごすよう努めてはいたが、今まで以上にナニーに頼るようになっていた。ダラス時代に雇ったナニーのベッキーは、初年度だけは一緒にハリスバーグに来てくれたが、その後は新しいナニーを雇わなければならなかった。子どもの世話は性別に関係なくできるものだと子どもたちに示すため、今回はトーベンという男性のオペア［住み込みで子どもの世話や家事をする外国人労働者］を選んだ。この頃、ケスリンは習い事などを始める年齢になっていたため、私たちのスケジュールに、バレエやタップダンス、空手の教室、そしてジャック・アンド・ジルというアフリカ系アメリカ人の母子のためのサークル活動が加わった。その上私は、障がい者のためのNGOの理事になるよう依頼され、喜んで引き受けた。スケジュールはいっぱいだったが、NGOの理事を経験すれば今後のためにもなり、ネットワーク構築の機会にもなると考えた。

この頃の私には、自由な時間は1分たりともなかった。ストレスがたまり始め、自問自答するようになった。これが自分の望みなのか？　この状態は永遠に続くのだろうか？　もちろん、そのようなはずはない。私はしばしば自分に言いきかせた。シェリー、あなたは素晴らしい家族にも、仕事にも恵まれていて、選択肢にも事欠かない。自分で選んだ人生そのものでしょう？　満喫すべきよ。しかし、頭ではそう考えていても、実行するのは容易ではなかった。それどころか、何に対しても楽しいと感じにくくなっていた。ふさぎこむようになったという以外うまく表現できないが、自分の奥底にある何かにエネルギーを食いつくされているように感じられた。私は常に疲れきっていた。できることならベッドから出たくないと思った。そのようなことができるはずもなく、力をふりしぼって起きあがり、自分の責務を果たそうと努めるほどに、私の中の空洞がより深く暗いものになっていった。私は自分を見失いかけていた。

私は誰にも自分の問題を悟られまいとした。友人にも、子どもにも、スコッティにも。ばかげている、と自分に言いきかせた。私は、素晴らしい夫と自慢の子どもたちに恵まれている。キャリアも計画どおりに展開している。有意義な活動にも参加していて、周囲には魅力的な人々がいる。何が問題？　幸福を感じない理由がない。すべてが思うようにいっているではないか。しかし、自分自身にいらだちをぶつけてみても、気分は晴れなかった。最終的に、私は抵抗するのをやめて、精神分析医の予約をとった。私は28歳だった。

セラピーを受けた私は、目から鱗が落ちる思いがした。私は一度たりとも立ち止まって、「良い人間」（周囲にとって）でありたいとする抗いがたい欲求と、それが自分の自尊心に与えた影響を検討したことはなかった。やることなすことすべてにおいて、自分を犠牲にしていたのだ。誰かが何かを必要としていれば、いや必要ではなくただ望んだだけであっても、私で対応できるならば叶えていた。子どもの頃からそうだった。私はみんなに好かれたかった。私が学ぶ必要があったのは、私は決して嫌われていたのではない。そして、どんな人物でも、自分に否定的になってしまうことがあるという事実だった。

意欲も野心も持ちあわせていた私だったが、積極的に自分を愛し許容しようとは考えてこなかったように思う。文字にするだけでも――今でもむずがゆい感じがする。その当時の私の辞書には、自己愛や許容という言葉はなかった。しかし、自分を大切にするということは他に劣らず重要だと、気づかなければならなかった。まず、定期的にエクササイズをするための時間を捻出した。汗をかき、肉体的な疲労を感じる――エクササイズはシェイプアップだけでなく、頭を整理しストレス耐性を高める効果があった。

セラピストのおかげで、セルフケアの優先順位を上げるのと同時に、自身に非現実的な目標を課していることに気づくことができた。私に完璧を求めていたのは、自分自身だけだった。この気づきを咀嚼し吸収すると、肩の荷がおりていった。疲れすぎていればエクササイズを休んでもいい。15分だけ余分にベッドにいても構わない。楽しそうにするだけでなく、少しでも本当に楽しむのは悪いことではない。

次のステップはノーと言えるようになることだったが、簡単ではなかった。事情が許せば誰かの助けになりたい、と思ってしまうたちだったからだ。今でもそれは変わらない。だから、自分で時間や労力を割けないときにも手をさしのべる方策を考えなければならなかった。そこで、依頼の選別法を変えてみた。理屈の上でなく、現実的に役に立てるか否かで判断するのだ。私は「時間がありません」と言えるようにならなければいけなかった。言葉を濁したりはぐらかしたりせずに、明確に伝えるよう努めた。ちなみに、私は今でもこれを心がけている。手を出せないときには、相手にははっきりと伝える。しかし、可能なときには代替案を提示してフォローするようにもしている。手を貸してくれそうな人物を紹介することが多いが、別の解決策を提案することもある。いずれにせよ、手助けを必要としている人をそのまま放り出すことはしない。彼らは次のステップがわかり、私は時間を割かずにすむというわけだ。

最後に必要だったのは、本当に大切なのは何かを自問する習慣だった。毎日自分にこう問いかける。「今日の最重要事項は何?」答えは日によって違うだろうが、ともかくこの質問に答えられなければならない。周囲がどうしてほしいかではなく、自分がどうしたいかに目を向ける。それですべてが変わる。自分の限界を知った私は、自分には自身の望みを叶える力はあるが、すべてを同時に叶えられるわけではないことを理解した。

母は私に教えようとしていた。それも、何度も。自分自身を優先し、限界を知り、適切な期待値を設定する。多くの人が一週間かけてもできないことを一日でやり遂げる母が言うのだから、私は耳を傾けるべきだった。おそらくは、苦労の末でなければ習得できない知恵だったのだろう。みなさんには、自分の限界を知るよう努めてもらいたい。

本書をお読みいただいているみなさんは野心を持ち、その実現に向かって努力しているものと思う。いずれかの時点で、自分の人生を見直し、現実を受け入れて、自分を追いつめることなく目標を達成する方法を見つけなければならないときがくる。何もかも自力でやり遂げなければならないと考え、自身の健康以外は妥協できなくなっている人が大勢いて、非常に気がかりだ。もし自分を犠牲にして「すべてを手にいれた」としても、最後に何が残るだろうか？

飛行機のアナウンスと同じだ。自分で酸素マスクを装着してから、他の人の救助にあたってほしい。

第19章 ワーク・ライフ・バランスの度外視

ワーク・ライフ・バランスという言葉が嫌いだ。バランスという表現には、天秤の両端に同じ重さの分銅が載っている、絶対的な平衡状態が内包されている。人生はそのようなものではない。バランスを成功の尺度と考えれば、無力感が生まれるだけだ。キャリア、家族、人間関係、自分自身のケアなど（人生に望むものすべて）に見られる複雑性や役割の重複を包括できる、別の表現が必要だ。だから私は、ワーク・ライフ・インテグレーションという表現がふさわしいと考えている。

では、私は何を実践しているかだが、私は状況に応じた役割を果たそうとはしない。常に自分の役割をすべて意識している。CEO、母、妻、友人、ボランティア、メンター、メンティー……。ただし、一時に注意を向けるのは一つの領域のみであり、どんな場合にも自分のあらゆる側面を統合するよう努めている。

何をゴール（会社経営でも、復学でも、子どもの教育でも、早期退職でも、転職でも）と設定しようとも、どう人生を統合してそれを実現するかは、自分次第だ。選択肢を確認し、可能性を吟味すること。目下の最優先事項のための時間をどのように捻出するか？誰の手を借りられそうか？　一石二鳥またはそれ以上を狙うには、どうしたらいいのか？

バランスに基づいた基準で考えれば制約ばかりが目につくが、統合を念頭におけば可能な範囲が広がる——創造力を働かせる好機と考えればいい。たとえば、忙しい日々の中から友人と過ごす時間とネットワークづくりの時間を共にひねりだすのは困難だと考えていたが、方法がないわけでもない。友人と一緒にエクササイズをする、ママ友と一緒に子どもたちを公園に連れていく、映画やカードゲームを楽しむポットラックパーティを主催するなど方法はある。職場でも、ランチ時間をネットワークづくりにあてたり、エクササイズと仕事を兼ねたウォーキングミーティングを行ったりすることがある。スコッティと外出するときも、付き合いとネットワーク構築を兼ねて、他の人を誘うことが多い。ダンス鑑賞に出かける際も、20人未満のグループで行くことはめったにない。

また、目的の異なる行動と組み合わせれば、自分を幸せにしてくれるささやかな贅沢のための時間もとれる。たとえば、私は菓子作りが好きで、夫婦揃ってアップルパイには目がない。そこで、ときどき隣人を招いて一緒にパイ10個分程度のフィリングを作る。隣人が半分を持ち帰り、私は一つだけパイを焼いて、残りの4個分は冷凍しておく。こうすれば料理と人付き合いが同時にできる。

「時間を無駄にしない」をモットーに行動すれば、驚くほどのことをやってのけられる。ネイルサロンに通う時間や資金が常にあったわけではないが、ネイルは整えておきたかった。そこで、通勤前に車の中でマニキュアを塗るようになった。運転している間に、空調や窓からの風でネイルが乾き、オフィスに到着する頃には仕上がっている。また、私はエクササイズを重視しているが、最新情報に通じてもいたいと思う。そこで、ジムでカーディオトレーニングをしながら、何かを読んだりポッドキャストを聞いたりする。時間を無駄にはしない。

みなさんがどう思われるか想像はつく。確かに、やりたいことをすべて実行できはしない。ある程度の犠牲はやむを得ない。以前にも述べたが、ワーク・ライフ・バランスという言葉同様、誰かのために生活の一部を「犠牲にした」という表現も嫌いだ。犠牲という表現には、罪の意識を伴う無念さが感じられるからだ。仕事に割く時間が「多すぎる」と感じるなら、家庭で過ごす時間が「充分でない」と罪悪感を抱いているということだ。逆もまた真なり。もっと悪いことには、「犠牲」は他者（上司、チーム、配偶者、子ども、母親など）のために何かを諦めたとの意識を示唆し、自分のためでなく他者の都合だけのために行動したと捉えていることがわかる。こう考えると、「犠牲をはらう」という概念は、自分を被害者（他者のために自分が心から望む何かを断念させられた存在）と位置づけることにつながる。

ナニーを雇うことにした決断に話を戻そう。おかげで私は、子どもの心配をすることなく、実績を上げることに専念できた。スコッティと私は、妊娠、いや結婚前からナニーを雇う資金を含めた資金計画をしていた。必須ではないものへの支出をカットすることで余剰資金を用意し、必要に応じて業者を雇った。このライフステージにおいては、豪華な旅行に行くことはせず、夜のデートはたいてい行きつけのイタリアンレストランでピザとワインを楽しむだけだった。家を購入した際も、職場から離れた小さめの家を買い、古い年式の車で長時間かけて通勤した。ナニーを雇う必要さえなければ、もっと快適な選択ができた。しかし、あれでよかったのだ。子どもたちは健康に育ち、親の側のストレスも少なかった。ナニーが家事の一部まで担当してくれたため、夜に家族揃って充実した時間を過ごすこともできた。

もちろん、母親は誰もがナニーを雇って仕事を続けるべきだと断言するつもりはない。自分がどう生きたいかを決断し、それに必要な選択をすべきだというだけだ。人生はいかようにも設計できる。スコッティと私が選んだのはこの人生だった。そして、自分たちの決断を念頭においた選択をした。犠牲などではなく、取捨選択にすぎない。

このメッセージを次代にも伝えられたらと思っている。自分らしくあることに後ろめたさを感じる必要はない。人には、自分の望むように人生を設計し、自らつくりあげた人生を謳歌する権利がある。自分の運命は自分のものである。心おきなく自分の人生を邁進すれば、自尊心を少しも傷つけることなく、望みを叶えることができる。

幼い頃から、両親は何かを選ぶことは別の何かを捨てることだと教えてくれた。資金の使いみちだけでなく、時間の使い方にもあてはまる。いずれのリソースも有限で、計画が必要だ。教育にリソースを割きたければ、人付き合いをいくらか省略せざるを得ないだろう。子どもが欲しければ、睡眠時間が若干短くなることは覚悟したほうがいい。難易度の高いキャリアを目指すならば、家庭生活に割く時間が限られてくるのは否めない（個人的には洗濯する時間がないのは気にならなかったが、睡眠不足はつらかった）。

この瞬間にも、みなさんは自分が何を望み、何に幸せを感じるかを決める権利がある。思い描く人生のための選択をする権利がある――行動を統合し、資金と時間を計画的に使うこと。「流れに任せる」必要はない。他者のルールに従う理由もない。この瞬間から、自分のルールをつくるのだ。私も、自分が充実感を得られる人生計画を、自分だけのために練りあげた。それを念頭において戦略を立て、何を実行し、何をトレードオフと考えるかを決断した。そして、自分の理想とする人生を、誰に遠慮することもなく追求した。みなさんも、ぜひそんな道を進んでほしい。

第20章　キャリアマネジメントは自分の責任

希望する仕事につくために、職を辞そうとしたことがある。人生経験としては悪くなかった。それは30歳を目前にしていた頃で、これは重要なマイルストーンだった。自身に課したスケジュールでは、IBMのCEOになるには、30歳になる頃には事業所長になっていなければならなかった。ここまでは順調だった。高い評価を受け実績も上げていたが、事業所長候補にあがるには、最低でもクリアしなければならないステップがあと一つあった。マーケティングマネジャーを経験する必要があったのだ。そろそろこのポジションにつかなければ、30歳時点での目標に到達できない可能性があった。

しばらく前から、マーケティングマネジャーになりたいという希望を上司に出していた。上司もそれがネクストステップであることに同意してくれたものの、いっこうに話はまわってこなかった。そこで、再度相談することにした。

上司のオフィスのドアは開いていた。午後の陽射しがあたるデスクで、彼は書類をめくっていた。私は開いているドアをノックして注意をひくと、少し時間をもらえないかと尋ねた。私は招きいれられた。

「以前もお話ししたのですが、マーケティングマネジャー職を希望しています」私は言った。このときまでに、望みは口に出さなければ伝わらないことを学習していた。

上司はため息をついた――良くない前兆だ。「今は難しいと思っている」

心臓をぎゅっと掴まれたような気持ちがした。「なぜ、そう思われるのですか？」

「IBMはスリム化を図っている。知ってのとおり、組織を再編して事業所をいくつか閉鎖し、早期退職も募った。事業所の数が減れば、マーケティングマネジャーのポジションも少なくなり、当然空きも少なくなる」

「それは理解していますが、それでも私は検討していただくに値するのではないでしょうか？」

「シェリー」上司は言った。「きみはよくやってくれている。実績も申し分ない。だが、現時点では上のポジションに空きがないんだ」

そういうことか。そんな情報は聞きたくなかった。そこで、その日の夜にスコッティと相談することにした。子どもたちを寝かしつけ静かになった頃をみはからって、私はワインを片手にスコッティの隣に腰をおろし、彼にはビールを渡した。スコッティは片眉を上げた。「何があったんだい？」

私は上司との会話を、スコッティに話して聞かせた。スコッティは険しい表情で耳を傾けた。二人ともＩＢＭが変わりつつあるのを感じており、良くない方向に向かっていると思っていた。「それで、どうするつもりだい？」スコッティは尋ねた。

私はため息をついた。「わからない。あなたも知っているとおり、私は企業で働きたいのではなく、経営に携わりたいと思っている。それには、スピード昇進できる可能性がなければ困る。私にはスキルがあって、仕事ができるという評価も受けていて、結果も出している——つまり、ＩＢＭが応えてくれていないということ。違う？」

「そのとおりだ」スコッティは私の目をまっすぐ見た。「きみではなく、会社の問題だ」

これでこそ私の夫だ。どのようなときでも私に自信をもたせてくれる。

私は、グラスの縁を指でなぞりながら、考えをまとめた。「では……」私は大きく息を吸った。スコッティがその後をひきとった。「転職を考えたほうがいいのかもしれない」

軽々しくできる決断ではなかった。業界でビッグブルーの異名をもつＩＢＭで、私は高校以来仕事をしてきた。父もＩＢＭで仕事人生をまっとうした。私を切ったらブルーの血が流れると冗談で言ったものだった。しかし、ＩＢＭに私の望むような機会がないのであれば、会社への忠誠心のために自分のゴールを諦めるつもりはなかった。別の企業に希望するポジションを見つけ、面接を受けて合格した。

最もプロらしく見えるスーツに身を包み、オファーレターをポケットにしのばせて、私は出社した。そして、愛してやまなかった会社（いつの日かトップに立ちたいと願っていた組織）に退職届を出した。

「どういうことだ？」上司に聞かれた。「辞めるというのか？　それは困る」

私はひと言も発しなかった。自分が彼のチームの精鋭の一人であることはわかっていた。上司の表情を見て、結局何が理由だったのかがわかった。

上司はデスクにひじをついて、私の目を見た。「シェリー、どうして辞めるんだ？」

「上のポジションに空きはないとのお話でした。ですから、外部でステップアップの機会を探したのです。私に大きな夢があることはお伝えしていました。この会社で実現できないのは残念でたまりません」

上司は首を振った。「シェリー、頼むから一度だけチャンスをくれないか。何かできることはないか、考えてみる」

数日後、私は昇進を確約された。自分で決めたスケジュールどおりに、しかもＩＢＭで、私はマーケティングマネジャーになった。

このとき、企業で昇格するのに必要なものを初めて学んだ。誰かが機会を与えてくれるのを待っていてはいけない。キャリアマネジメントは自分自身の責任なのだ。

第21章　望みは伝える

数年後に事業所長への昇進を期待していた私は、二つめの重要な教訓を学ぶこととなった。この時点までには、私は自分の望みをきちんと周囲に伝えるようになっていた。私は再び上司とキャリア面談をしたが、何も変わらなかった。塩漬けにされているように感じた。何が間違っているのだろう？　私は思った。昇格してもいいだけの実績は出しているはずだ。なぜ私は候補にあがらないのか？

上司と面談してもらちがあかなかったので、その上の上司と面談することにした――いわゆるスキップレベル面談だ。アポイントメントがとれたのは数週間先だったため、自分の望みを伝えるにはどうするのがベストかをリハーサルする時間がとれた。そして当日、私は自分の意見を提示した。現職での実績を説明し、自分が希望のポジションにふさわしい候補者であると訴えた。首尾は上々だった――私の希望が事業所長であると告げるまでは。

上司の上司は咳払いを一つした。「そのとおりだ、シェリー」彼は言った。「きみがふさわしいのはよくわかったが、ハリスバーグ地区にきみの言うようなポジションは多くはない」

「おっしゃるとおりですが、私は転勤してもいいと思っています」

彼は眉を上げて、いぶかしげに私を見た。「転勤することになってもいいのか？　てっきりきみは望まないものだと思っていた」

私は当惑した。これまでにも2回の転勤を経験しており、再度の転勤も厭わないと上司に話してあったのに。なぜこのように重要な情報が伝わっていなかったのか？

「はい、転勤にまったく抵抗はありません」

「それなら、きみを候補として推薦できるポジションがないか検討してみよう」彼は言った。「クリアにしてくれてありがとう」

なぜあの情報がきちんと伝えられなかったかはわからずじまいだ。推測しようとも思わない。結果、この面談後にメリーランドの空きポジションの話が舞いこみ、私は候補にあげられた。そして、見事にポジションを勝ちとった。

女性が昇進できない理由として一般的に考えられている要素がある。「女性は希望を伝えようとしない」ということだ。しかし、現実はもっと複雑だ。

2016年に『Women in the Workplace［働く女性の実態］』という調査で、女性も自身の望みをはっきりと表明していることがわかっている。私がキャリアをスタートさせた頃とは雲泥の差だ。[参考文献12] これは進歩だが、残念ながら裏がある。交渉する女性が「攻撃的」「上から目線」「威圧的」と評される可能性は、男性よりも30%も高いのだ。しかも、女性が非公式に上長からフィードバックを受ける機会は少ない。これはコミュニケーションの断絶と共に、明らかな矛盾を意味する。女性は、希望を伝えるべきであると言われると同時に主張すべきではないともされるのだ。いずれも責任を女性に押しつけ、機会を与えられないのは自分たちに非があるとしている。そして、主張はするが穏やかな理想的社員となるための、建設的フィードバックを求めるよう強要する。興味深いことだが、その理想像は非現実的ではないだろうか？ 調査はまた、女性がいまだに職場であり得ない期待をされていることも明らかにしている。[参考文献13] おそらくは女性も男性も、そういった期待値が日常的な接し方に及ぼす影響を完全に理解できていないのだろう。

　私も根本的な解決策をもってはいないが、個人的な体験をお話しする。私は希望をはっきりと伝えるようにしただけでなく、周囲の全員に話しておくようにした。明確なゴールがあるならば、公言しておく。すると、それが自分のアイデンティティの一部になる。自分の目標を喧伝すること！ どんなコネクションをもった人物の耳に入るかわからないからだ――逆に、自分の都合で情報を隠蔽する人がいる可能性だってある。自分の希望を知る人が多いほど、チャンスを手にできる可能性が高くなる。

周囲に自分の上昇志向を触れてまわるのは勇気がいる。リスクを感じるだろう。しかし、このリスクを避けては通れない。このような状況になったとき心の中で唱える言葉がある。

最悪どうなるのか？　最悪の事態になったとき、それを受容できるか？

希望を伝えて起こりうる最悪の事態は、ノーの回答をもらうことくらいであり、私にとってそんなものはたいした問題ではない。自分の意思を伝えておくメリットは、ノーと言われる失望感よりも大きい。私はそう思っている。

第22章　目をつぶる

ＩＢＭはダウンサイジングしていたが、スコッティにとっては、むしろ好都合だった。スコッティはセカンドラインマネジャーであり、マネジャー職にある部下がいた。ある日、手元にリストが届いた――彼のチームで、多額の一括契約と引き換えに早期退職を勧告される人のリストだった。ＩＢＭがダウンサイジングするのは2度目であり、これがＩＢＭのレイオフ回避法だった。実施前に契約内容を知ったスコッティは、すぐに私に電話してきた。「シェリー、まさにぼくのための契約だよ」

絶好のタイミングとはこのことだった。ケスリンが小学校に入学する直前で、スコッティが主夫におさまる、次のライフステージに移るにはちょうどよかった。契約があれば、当面の資金繰りに余裕がでる。スコッティは20年以上ＩＢＭに在籍していたので、多額の退職金を手にできる。ホームオフィスでコンサルティングの仕事をすることも可能だ。スコッティがリスクをとる番がきた。そして、彼がまったく抵抗感を抱いていないのが私には嬉しかった。私たち夫婦は常に対等のパートナーであり、自分たちの戦略を知り尽くしていた。次のステップに進むときが来た。私たちにとっては、それだけのことだった。私がメリーランド州シルバースプリングスでのポジションに決まったときには、スコッティは完全にリタイアする意志を固めていた。転勤を機に、私の収入だけで生活できるよう支出予算を引き締めた。今より小さい家を買い、リースしていた車の代わりに安い中古車に乗りかえた。そして当然ながら、ナニーを雇うのもやめた。

すべてが順調だった。問題は一つだけだったが、ただし大問題だった。ナニーが辞めた後、私はスコッティが後任のナニーでもあるかのように扱ったのだ。よかれと思ってのことだったが、ナニーに対してしたように、物事のやり方を指示し、毎日少しずつ仕事を担当させた。しかし、うまくはいかなかった。

かっちりしたスーツとパンプスで足早にキッチンに入ると、私は冷蔵庫を開けてヨーグルトとりんごを取り出し、ブリーフケースに入れた。子どもたちは朝食のテーブルで、ジュースを飲んでいた。スコッティはコンロのそばで、スクランブルエッグとソーセージののった子ども用の皿にグリッツを盛りつけていた。カウンターの上には、ふたの開いた空のランチボックスがのっていた。「スコッティ、ケスリンのサンドイッチは4つ切りにしてあげてね」私は言った。スコッティはうなずいた。

「それから、洗濯は毎日しなくても、まとめてやればいいからね」と付け加えた。

「ぼくは汚れものの山をランドリールームに置いておくのが嫌なんだ」声にいらだちが表れていた。

「それじゃ、水がもったいないでしょう」私は反論した。「少しずつ洗濯するなんて」

スコッティは首を振った。

「それから」カウンターの隅に無造作に積まれた郵便物や書類の細々としたものに目をやりながら、私は言った。「今日の午後、キッチンのカウンターを片づけてもらえる？　ひどい状態になっているから」かがみこんで子どもたちに行ってきますのキスをすると、私は出かけた。

「参考になる」指示を出し続けて数日もすると、スコッティの我慢も限界を迎えた。「シェリー」きっぱりした口調だった。「ぼくが家事をやるなら、ぼくのやり方でやる。きみがやり方を決めたいのなら、ぼくは手を出さない」

手厳しい言葉を聞いて、私は理解した。ただ言うだけではいけないのだ。行動を変容させるのは極めて困難だ。しかし、私は数カ月間カウンセリングに通って、目をつぶる技術を身につけていた。スコッティは清潔さにはこだわるが、少々の乱雑さは気にかけなかった。私はその正反対だった。あるべきところに物がなければいらいらするが、少しばかり埃が積もっていても構わない。私のほうがスコッティより整理整頓にうるさく、衛生面や安全性にこだわりが強いのはスコッティだった。だから、私は目をつぶっておくべきなのだ。こう考えながら、自分に問いかけた。なぜ私は整理整頓にここまでこだわるのだろう？どうしてそれほど重視するのか？　片づけの責任者をもって任ずるのをなかなかやめられないのはなぜか？

初めての客人を自宅に迎えるとしよう。一歩足を踏みいれると、彼らは周囲を見まわして言う。「シェリー、すてきなお宅ですね」

そう、「スコッティ」ではなく「シェリー」だ。自宅の状態、子どもたちの服装やマナー、果ては夫の服装や身だしなみについて、コメントを向けられるのは私だ。これが一般的な物の見方なのだ。そこから窺えるのは、物事を整理整頓された清潔な状態に保つのは女性の責任とされるという現実である。多くの人と同様に、私にもこの考えがしみついていて、それに基づいて判断されるように感じる。家が乱雑であれば、私の評判にかかわる。そんな考えを手放さなければならない理由はいくらでもあった。私はその業務の担当ではなく、他にすべきことがあるのだ。

我が家に一枚の写真（ケスリンが学校で撮ってもらったポートレート写真）がある。我が家における、目をつぶる習慣というものを象徴する一枚だ。撮影の日は、２本の三つ編みが王冠のように頭頂部にピン留めしてあるはずだった。しかし、片方のヘアピンがはずれ、三つ編みがずり落ちてしまった。そのため、写真のケスリンは、片方の三つ編みだけが頭頂部にあり、もう片方はほどけかけたままぶら下がっている状態だった。登校時にケスリンの髪を結うのがスコッティの役目になっていたが、彼はまだヘアピンの使い方をマスターしていなかった。上達してはいたが、ケスリンの三つ編みがおかしなことになったのは、その日だけではなかった。しかし、直したりその役目を交代しようとしたりはせず、私は黙ってスコッティがマスターするのを待った。私は役目を降り、夫が引き受けた。そして、この写真は今でも我が家の壁の目立つ場所に飾られている。

第23章　すべては「自分たち」のアクションから

新しいポジションについたことで、私はプレ重役といえる職位まで上った。重役レベルまであと一歩のところにきた。野心とは、昇進という結果だけを意味するものではない。その時々の職務で全力を尽くす必要があり、それなくして昇進の可能性はない。私は実績を上げるため努力し、また自分より職位が上の人とも下の人とも、強固なメンター・メンティー関係を築いた。業績考課で良い評価を受け、サポートや有用なフィードバックをもらった。同時に、自分が重役を目指していると周囲に告げた。メリーランドに赴任してから数年後にチャンスが訪れた。ニューヨークで空きポジションが出たのだ。中小企業向け事業部のグローバル市場マネジメント担当部門のトップで、上司はロビン・スターンバーグだった。私は応募し、ポジションを手にした。家族でコネチカットに移住し、ニューヨークに通勤する日々が始まった。

重役のポジションについた私には、次に必要な展開がわかっていた。調べてみると、IBMの経営陣にはある特徴的な経歴があることがわかった。例外なく海外勤務の経験者だった。さらに、CEO直属の中枢部門担当重役は、ほとんどが日本に赴任してアジアパシフィック地域の業務を経験していることもわかった。「調べなければわからなかった」私は考えた。「アジアパシフィックは、IBMにとっての最重要市場ではないもの」次の一手がクリアになった。私は、東京の日本IBM本社のポジションを見つけた。このときまでに、私は決まった戦略をとるようになっていた。昇進競争にアンテナを張りながらも、自分の仕事に全力を尽くす。メンターや上級職者との関係を構築しつつ、自分のチームとのかかわりも深めていった。そして、誰かれかまわず、自分が日本での重役ポジションを目指していると話しておいた。

日本への赴任は通常短期的なものであり、エクスパット〔転勤などで海外支社や現地法人で働く社員〕のポジションは多くはなかった。幸いなことに、メリーランド時代に知己を得た重役のティム・マククリスチャンが昇進して日本で働くことになった。ティムの下で働いたことはなかったが、折にふれ連絡をとっていた。そして、コネチカットに転居した際に選んだ家が、偶然彼の近所だった。日本勤務を希望しているとふれてまわったことが奏功した。日本のダイレクトマーケティング担当部門長職をティムから打診され、私は喜んで受けた。

ただし、問題が一つだけあった。赴任するなら家族と一緒だが、この先の数年間を外国で過ごす覚悟はできているだろうか？　特に当惑したのがケスリンだった。7年生になっていたケスリンは、転居を繰り返す生活にうんざりしていた。最後に転居したとき（メリーランドからコネチカット）には、娘は失意のどん底に落ちた。転勤を伝えた瞬間に彼女は涙を流し、つられてキートンまで泣き出した。嘆く子どもたちの姿を見るのはつらかった。今回の転勤は今まで以上に遠方であり、任地で待っているのは異なる文化や習慣である。そして、仲の良い友人たちから二人を引き離すことにもなる。二人が安心できるよう、親が手を貸さなければならないのは明らかだった。そこで、これまでと違うアプローチをとった。二人一緒の場で話をするのではなく、ケスリンだけに話すことにした。予想どおり、ケスリンは嘆き悲しんだ。できる限り慰め、新しい展開が待っていることを強調した上で、日本への赴任は短期的なものであると説明した。それから、気持ちを整理する、つまり十代の子どもにとっては友人に相談する時間を与えた。

ありがたいことに、娘は2時間もすると、笑顔らしきものをうかべて戻ってきた。「わかった」ケスリンは言った。「覚悟はできた。いつ引っ越すの？」

「ケスリン、偉いね」私は娘をハグしながら言った。「心が決まったところで、キートンに引っ越しのことを話してくれる？　あの子はあなたをリスペクトしている。二人にとっていい機会になると思うの」

数分後、キートンが満面の笑みをうかべて駆けこんできた。「ママ！　パパ！　ぼくたちは日本へ引っ越すの？」

上のきょうだいは下の子どもにとってのロールモデルである。この頃のキートンはケスリンの振舞いを見て対応を決めていたことを、後に彼自身が認めている。娘は素晴らしいロールモデルであり、彼女がすぐに気持ちに整理をつけ対応してくれたおかげで、キートンも不安にとらわれることなく楽観的でいられた。この時点ですでに、娘は親の期待以上の強い人間になっていた。

◆

東京では、一冊の書籍を書けるほど多くのことを学んだ――しかし、それは後日においておく。私たち家族は最高の経験をした。そして、仕事の面でも非常に充実していた。

私たち家族にとって最大のカルチャーショックは、その地には犯罪がほとんどないことだった。1000万人が住む東京は、子どもたちだけで繁華街に出かけ、地下鉄に乗り、タクシーをひろっても安全だった。私の子どもたちも自分たちだけで行動し、それが大きな自信につながった。ほどなくして学校で友人もでき、彼らはあまり家にいなくなった。夫婦二人だけの夜も多くなり、そんなときは二人で街歩きやコンサートに出かけるなど、アメリカにいた頃にはできなかったことを楽しんだ。

新しく見つけたのは、自由だけではなかった。私が仕事上のスキルや経験を身につけていったように、家族も生活のスキルを習得していった。私たちは、都心部にある西麻布の六本木通りから少し入ったあたりに住んでいた。マンハッタンに住むようなものだ。住まいは、日本の基準からすれば非常に広い１００㎡強のマンションだった。子どもたちは、エクスパットの子女が多く通う東京インターナショナルスクールに入学した。ＩＢＭは、アメリカ企業のエクスパットの社交場である東京アメリカンクラブの会員権など、さまざまなサポートを提供してくれた。スコッティのための日本語レッスンも手配してくれた。レッスンは悪くなかったようだったが、宿題を出されて事態が一変した。「宿題？　ぼくは宿題なんてやりませんよ」スコッティは宣言した。そして、レッスンは1回で終わった。家事をこなす中で、スコッティは身ぶり手ぶりでコミュニケーションをとれるようになっていったが、ときおり失敗もあった。あるとき、スコッティはジェット・ドライ［食洗器で洗った食器に白い跡が残らないよう、すすぎサイクルで使用する製品］に相当するものを購入しようとした。彼が食洗器に入れたのが何だったかは不明だが、食洗器から泡が吹き出して止まらず、キッチンや廊下、居間の一部までもが水びたしになってしまった。しかし、私は何も言わなかった。子どもたち同様、スコッティも「東京体験」をしていたのだ。

子どもたちといえば、学校が始まってから数週間後の土曜日に、家にいたキートンが数少ない英語のＴＶ番組を観ていた。もっと社交的だったケスリンは、新しくできた友人を訪ねていた。私はキートンに学校生活について尋ねた。キートンの学校は、生徒の出身国が35カ国以上にわたり、多様性に富んでいた。「楽しいよ、ママ」キートンは私を見あげた。「キートン、本当はどうなの？」私はソファに腰かけたまま、息子ににじり寄った。「アメリカとはずいぶん違うはず。本心を聞かせて」

「ママ」わかっていないなと言わんばかりに首を振りながら、キートンは言った。「どこの人間でも一緒だよ。言葉に訛りがあるだけ」

私はこれ以上ないほどの笑みをうかべた。「東京に来てそれを学んだだけでも、私は充分だと思う」私はキートンをハグした。

今回の異動で家族の生活は激変したが、一人一人にとっても家族としても、得るものの大きい経験だった。

第24章 改善すべき点は強みになる

ＩＢＭは外国に社員を派遣する場合、家族の生活費や教育費のサポートに少なからぬ金額を投じていた。そのため、そういった機会が与えられるのは、「有望株」と判断された社員に限られた。実績や周囲の評価、企業文化との相性などに基づいて選抜された社員は、いずれ会社の中枢を担うものと経営陣が期待をかけていた者ばかりだった。

スティーブ・ジョブズの「タートルネックとメタルフレームのメガネ姿」が成功したシリコンバレーの起業家の典型的スタイルだったように、１９８０〜１９９０年代のＩＢＭにも有望株とされる社員のステレオタイプがあった。たとえば、ダークスーツに白のシャツとネクタイ、ウィングチップの靴に身を包んでいる男性で、多くはゴルフその他のスポーツをたしなみ、身のこなしに自信がみなぎっている。私は典型例には該当しなかった。それどころか、海外赴任した初めてのアフリカ系アメリカ人女性の重役だった。

日本に赴任する前に、当時の上司と話をした。オーストラリア人で、長年アジアで勤務した経験があった。しかし、彼のアドバイスで、私は却って不安を覚えることとなった。

彼は言った。「日本では、人に尊敬されサポートしてもらうために必要な資質が３つある」

私はうなずいた。まさに私が知りたい情報だった。「教えてください」

「まずは知恵だ。聞こえはいいが、年配者であることを意味する。きみにはこれが該当しない」私は36歳だった。ワンストライク。

「次に、男性であること。これも、きみには該当しない」上司は咳払いをした。「３番目が知性だ。これは該当する。ただし、きみにはこれしかないのだから、最大限活用するように意識したほうがいい」彼は私をまっすぐに見た。「きみならできると信じている」

しかし、私の自信は揺らいだ。日本に赴任するために努力を重ねてきたというのに、ここにきてまだハンデを背負っていると判明するなんて……しかも、再び？

そこで、逆風が吹いたときの習慣に従うことにした。事前調査だ。日本での仕事の仕方に関する書籍を購入し、日本への赴任経験のある人に話を聞いた。日本へ向かう前にできる限りの調査を済ませ、かの地に降りたったときにはアジアパシフィックのダイレクトマーケティング部門のゼネラルマネジャー職にふさわしい自信を身につけていた。実際の業務が始まってみると、上司が一点見落としていたことに気づいた——私だからこそ気づけた点だった。

それまでにも、ＩＢＭのために持てる力を尽くした素晴らしい人々と仕事をしてきた。

しかし、上昇志向の強い、つまりＩＢＭの「典型的」有望株には特有の死角があった。彼らは、新たな役職に就任した際には、それまでの実績（成果や評価など）がすべて周知されていると考えがちだった。言い換えれば、自分たちは最初から敬意をもって接してもらえると考えるのだ。私はそうではなかった。アフリカ系アメリカ人の若い女性である私は、敬意を勝ちとらねばならなかった。昇進したり新たなポジションについたりしたとき、私は周囲に能力不足で時期尚早と見なされているものと仮定する。そして、人間関係と信頼を構築し評価を上げて、自分を認めてもらわなければと考える。つまり、年齢や性別の点では不利だが、常に自分の安全地帯の外で戦ってきたために、チームビルディングのスキルと、協力関係を早期につくる能力を身につけていた。日本のチームに対してプレゼンテーションを行った際、早くもこれらのスキルが役立った。

私は、業績を伸ばすための戦略を発表することになっていた。何をどのように伝えるべきかを時間をかけて考えた。日本の重役はかなり流暢な英語を話したが、一般社員の英語レベルはまちまちだった。そこで私は、全員にまちがいなくメッセージが伝わるように、スライドを日本語に翻訳させた。これは必須だと考えたのだ。私は自分のスライドに何が書かれているか読めなくていい。伝えたい内容は自分でわかっていた。

日本ＩＢＭの社屋に到着すると、私はかしこまった出迎えを受け、カンファレンスルームへと案内された。何百人もの社員たちが集まってきた。オーバーヘッドプロジェクターが、「ジャパン・ダイレクト・マーケティング」と書かれたスライドを、ステージ上に映し出していた。正直に白状すると、チームメンバーに紹介されたときの私は、若干緊張していた。聞こえてきた氏名のほんの一部（タカハシさん、ワタナベさん、アキヤマさん……）しか認識することができなかった。そして、プレゼンテーションを始めた。

最初のスライドを出したとき、カンファレンスルームのあちこちから小さなざわめきが起こるのが、はっきりと聞こえた。まず頭にうかんだのは、翻訳者が大きなミスをしたに違いないという考えだった。原因は後にわかった。IBMの重役が日本でプレゼンテーションするようになってから久しいが、少なくとも当日の参加者が知る限り、日本語だけで書かれたスライドを用意したアメリカ人重役はいなかったのだ。英語だけのゾーンから決して出ようとしないアメリカ人の見えない壁を、私は打ち破った。

若かりし頃に課題や試練に見舞われても、それが強みの開発につながるとは思いもしなかった。しかし生来の上昇志向とそれまでに受けた教育以上に、私は人に好かれる秘訣を身につけていた。相手が好むと好まざるとにかかわらず、共感し手をさしのべることだ。チームならより大きな成果を上げられる――協力し団結することの力を私はすでに熟知していた。アフリカ系アメリカ人の若い女性だった私には、日本のビジネス文化において優位に働く要素はあまりなかった。しかし、最終的には高い評価を得て、チームビルディングにも成功した。本国の同僚に秘訣を聞かれたとき、私は正直に答えた。「私は常にアウェイの人間だったから、どこに行っても、多種多様な相手と良い関係を築いて、尊敬を勝ちとることを考えてきたの」

私は、自覚していたよりも日本勤務にふさわしい資質を備えていたようだった――多くの典型的ＩＢＭ社員よりも適任だったと言って差し支えないだろう。この経験からも両親の教えは正しかったと思う。マイノリティであることは、必ずしも足かせにはならない。むしろ利点となる。みなさんも、人生の厳しさに直面して、努力の末に学んだものがあるだろう。適切に活用すれば、それは秘密兵器になるのだ。

PART 4

軌道修正

第25章 押してもだめなら迂回する

私は結局ＩＢＭのＣＥＯにはならなかった。望む仕事を手にいれるために当時の職を辞す覚悟をしなければならなかった――ただしこのときは、引き返すことはなかった。

１９９９年のことで、私は日本に赴任中だった。副社長兼アジアパシフィック地域の公共機関事業部担当のゼネラルマネジャーに昇格したばかりで、数百万ドルの収益をあげる事業部を任されていた。その頃、当時のＣＥＯルイス・ガースナーが来日した。多くの同僚がルイスとの１ｏｎ１面談に呼ばれたが、直近の四半期に前年同期比で最高の増収を記録していたにもかかわらず、私は呼ばれなかった。私の落胆は言うまでもなかったが、話を聞いたスコッティは激怒した。「どうして？」彼はいらだちを隠さなかった。「きみほどの業績を上げていて、なぜ真っ先に呼ばれないんだ？　これはおかしい……」スコッティの怒りはいつまでもおさまらなかった。スコッティはいつでも私の最高のサポーターであり応援団だったが、今回果たした役割は少々違った。俯瞰して見ればこれが氷山の一角にすぎないことを、理解させてくれたのだ。

私がＩＢＭで正当に扱われていないと感じたのは、これが初めてではなかった。業績面では高い評価を受けていた――日本だけでなくグローバルの年間ランキングのトップに近かった。しかし、私より高い年俸を受けとっていた同僚は少なくなかったはずだ。私は守銭奴ではないが、キャリアのために家族に負担を強いていた以上、相場とされる報酬を受けることにこだわった。しかし、過去に何度も協議したにもかかわらず、状況は変わらなかった。

スコッティと私は何週にもわたって話しあった。苦しかった。自分の勤務先としても、いつの日か指揮をとる企業としても、ＩＢＭ以外を考えたことはなかった。転勤を繰り返していたことと、スコッティもまたＩＢＭで働いていたことから、二人の友人のほとんどはＩＢＭ関係者だった。会社を辞め彼らのもとを去ると考えるだけで、私は裏切り者のような後ろめたささえ感じた。いろいろな意味で、私はＩＢＭ育ちだった。

この期間の私は、感情の振れ幅が非常に大きかった。このような状況に追いやられ失望させられたとＩＢＭに対して怒りを覚えていたかと思うと、ＩＢＭの「家族」のもとを離れることに悲しさと不安を感じていた。自分が合図を読み違えているだけであり、まだできることはあるから留まるべきだと、自分に言いきかせようともした。何といっても、現状維持が最も簡単で安心できる選択肢だ。しかし、ＣＥＯになるという夢と、正当な報酬を受けるべきだとの考えを捨てることはできなかった。

最終的に、私はふさわしいポジションとしかるべき待遇を求めるべき時期だとの結論に達した。もしＩＢＭが正当な報酬を提示して慰留するつもりがないならば、新たな活躍の場を探すまでだ。私はＣＥＯになる夢に忠実であり続け、そのために最善のネクストステップを探した。

私はＩＢＭで数百万ドルの事業部を率いていたが、調査したところ、大きな組織を離れて小さな企業の経営に携わった者は、新たな環境で辛酸をなめるケースが多いようだった。マイノリティの女性として、私は男性ほど多くの打席に立つチャンスがないと熟知していた。そこで打率を高めるために、ＣＥＯの職に就く前に、中小企業特有の事情を知っておくべきだと考えた。私はＩＢＭを退職し、家族でダラスに転居した。そして、それまでの2倍の報酬で、ブロックバスター・ドット・コムの社長に就任した。

これは１９９９年のできごとであり、インターネットはまだビジネスシーンにおいても目新しい存在だった。ブロックバスターはウェブサイトの運営に着手したばかりであり、私は同社の中でも比較的独立性の高い事業部を任された。ブロックバスター・ドット・コムを立ちあげた当初の目的は、映画や映画産業、ブロックバスターの店舗に関する情報を発信して、ビデオや映画関連グッズを販売することだった。最終的なビジョンとしては、映画をダウンロードするポータルサイトとして育てあげたいと考えていた。やりがいのある仕事に私の心は躍った。活気に溢れ成長ポテンシャルの大きい業界で働くのが楽しくてならなかった。無料で映画を観られるため、子どもたちも大喜びした。

そして、就任してまもなくさらに大きなチャンスが舞いこんできた。ネットフリックスの共同最高責任者であるリード・ヘイスティングスがコンタクトしてきたのだ。当時のネットフリックスは、テクノロジーの面では優れていたが、映画会社やコンテンツ制作会社とのコネクションが弱かった。ブロックバスターは、あらゆる映画会社や映画館とのコネクション、そして利用頻度の非常に高いアクティブ・カスタマーを抱えた全国的な店舗網など、テクノロジー以外のすべてを備えていた。ヘイスティングスは、ネットフリックスとブロックバスターがブロックバスター・ドット・コムというブランドネームの下で提携すれば、世界を席巻できると考えていた。私もまったく同感だった。

ヘイスティングスは2名の部下を連れてダラスを訪れ、プレゼンテーションした。ミーティングの後、私の上司は経営陣に対して、提案を受けるつもりがないと明言した。「ネットフリックスなど取るに足らない」彼は言った。「うまくいくはずがない。万一、成功したら、買収すればいい」それで終わりだった。

私は耳を疑った。レンタルビデオ業界を席巻し、将来的にはストリーミングの世界も手中におさめるチャンスだった。しかし、ブロックバスターの経営陣は耳を貸さなかった。就任から8カ月も経っていなかった私は、ブロックバスター・ドット・コムを軌道に乗せ、映画のチケットをオンライン予約し店舗で引き取るなどの新サービスの開発に専念した。しかし、私にはすでに明白だった。ブロックバスターの未来予想図を知ってしまった以上、自分のいるべき会社とは思えなかった。

ときに人は、動かすことのできない障害物にぶつかり、迂回しなければならないことがある。このとき、世間の注目はシリコンバレーに集まっていた。カリフォルニアが2度目の「ゴールドラッシュ」に沸いていたが、今回の金脈はテクノロジー業界であり、インターネット関連で成功をおさめようとする者が世界中からシリコンバレーに押しよせていた。「スコッティ、ブロックバスターではもう働きたくない」ある夜、私は親愛なる忍耐強い夫に告げた。「時代を動かしているシリコンバレーに行かなければと思っているの」もちろん、スコッティは私の決断に賛同してくれた。

第26章　柔軟な姿勢を保つ

私の人生は自分で決めたマスタープランどおりに進んでいた――大学進学時には1校にしか願書を送らなかったにもかかわらず合格したこと、絶好のタイミングでスコッティに出会ったこと、健康な子どもを二人、しかも望んだタイミングで授かったこと、スコッティがうってつけの早期退職契約を受けとれたこと、そして重役に名を連ねるまでＩＢＭで順調に昇進し続けたこと。そう、あのときまではすべてが思ったとおりに運んでいた。それぞれのマイルストーンを通過するには、計画、調査、クリエイティブな問題解決、準備、賢い選択、努力が必要であり、また、スコッティと私がひきよせた運と天から降ってきた運も助けてくれた。しかし、シリコンバレーで成功するには、また別の要素が必要だった。柔軟性だ。

最初は、カリフォルニアの企業からオファーを獲得するのは、簡単きわまりなかった。ヘッドハンターからの電話を無視せず対応し、自分がシリコンバレーでどのような職を求めているかを伝えるだけでよかった。これは、経験豊かな候補者が少なく、主要なポジションの採用に苦労している、成長期にある産業でしか通用しない手法だ。当時、インターネットはまだ成長中の新規産業であり、経験豊富な経営者は引く手あまただった。私は機会が訪れるのを待てばよく、すぐにＤＳＬプロバイダーのノースポイント・コミュニケーションズからオファーを受けた。自分のスキルセットを拡張する、またとないチャンスだと考えた。その時点で私はテクノロジーとインターネット業界での確固たる実績があった。これで、テレコミュニケーションの領域にも強くなれる。私はこの３領域はいずれ一つの業界として集約されると考えていたため、すべてを経験していることは、自分の差別化ポイントになると確信していた。

ノースポイントは私をどうしても獲得しようとしていた。何度かの面接を経て、私はセールス部門長のオファーを受けた。「そうですね」私は言った。「今後の展望をどうお考えになっているかをここまでうかがってきて、セールス部門の合理化が必要なのには同意します。しかし、売上原価の最適化を始めとする、マーケティングが関与する目標もお持ちです。目に見える改善をお望みであれば、私がマーケティング部門も統括できなければ難しいと思います」それだけで、私はセールスおよびマーケティング担当の上級副社長になり、さらに会社の負担で自分のアシスタントを家族と共にシリコンバレーに転居させた（私たちは結局、売上原価を約30％削減したのだから、価値はあったはずだ）。

私がシリコンバレーで仕事を始めたのは、最初のインターネットバブルの黎明期だった。ＩＢＭのような重厚な企業の時代は終焉を迎えていた。この地では、イノベーション、成長、変化が猛スピードで進行していた。一年も経たないうちに、少々の成功と、ベライゾン・コミュニケーションズによる買収が不成立に終わった後に破産申請したことも含めた大きな失敗を経て、同社はＡＴ＆Ｔに買収された。役員の一人からラウドクラウドという企業を紹介され、そこで私はベン・ホロウィッツに出会った。２００１年に最高マーケティング責任者として入社し、すぐにこの会社でもセールスおよびマーケティング担当の上級副社長に昇進した。私はシリコンバレーの波に乗っていた。

しかし、それは突然終わった。

ラウドクラウドはテクノロジー企業にホームページの作成、管理、最適化のサポートを提供していたが、ものの数カ月でインターネットバブルが弾けると、無数のスタートアップが廃業し、顧客ベースが激減した。私がラウドクラウドに加わったのは、絶体絶命の時期だった。ハイエンドの企業向けサービスに軸足を移すために、新規の顧客を囲いこむ必要があった。製品を全面的に刷新した総力戦であり、私たちは会社の方向性を転換し、ターゲットをスタートアップから大企業に切り替えた。素晴らしいチームの働きで、私たちは約９カ月ですべてをやってのけた。これが良いほうのニュースだ。

悪いほうは、ラウドクラウドのビジネスモデルは資本集約的だったにもかかわらず、資金調達が困難になっていったことだ。結果だけを言えば、ラウドクラウドは、収益を得るはるか前に資金を投じて設備導入が必要な大資本を前提としたソフトウェアのホスティングサービスから撤退し、事前に多額のキャッシュを必要としない小資本のソフトウェアビジネスへと移行した。事業の大部分をＥＤＳに売却し、元のサイズの何分の一かに縮小した。私は活躍の機会を他に求めるべきときが来たと感じた。

その先を話す前に、ゴールを設定しリスクをとることについて触れたい。私はＣＥＯになる夢を追って、一家のすべてを担う大黒柱として単身赴任までして、カリフォルニアに来た。ジョブマーケットが活気づいていた当時は、充分計算された比較的安全度の高いリスクをとっていると考えていた。インターネットバブルが弾けて、私はより大きなリスクをとらざるを得なくなったが、これも想定内だった。

まず私の夫が、私を１００％信頼しサポートしてくれた。そして、私たちは倹約家だった。銀行口座には充分な資金（資産家とは言えないが、私がしばらく無職になっても生活に困窮しない程度には）があった。

最後に、私は自分の能力や評価、逆境への対応力を信じていた。ここまでキャリアを積めば、必ず仕事（自分の望む仕事ではなくとも、しかるべき報酬のある仕事）は見つけられると考えていた。このような精神的ベースがあったため、私は自信をもってこれまでよりも大きなリスクをとることができた。

２００２年の私は40歳近くであり、ノースポイントとラウドクラウドで充分な経験を積んでいた。ＣＥＯのポジションに手が届いてしかるべき段階に来ているはずだと考えた。ただし、同じように思っていた人間は大勢いた。シリコンバレーのスタートアップの多くが廃業しており、街は次に舵取りをする船を求める元ＣＥＯで溢れていた。このエリアに来てわずか数年の私は、ラウドクラウドでの実績があったものの、まったく無名の存在だった。それだけでなく、私は一般的なＣＥＯ像とはかけ離れていた。今にいたるまで、東海岸出身の長身の黒人女性は不人気だ。

タイミングは最悪だった。しかし、私の両親の教えを思い出してほしい。私はドラマチックな展開を求めたりはしない。現実を受け入れ、できる範囲をコントロールする。万人に通用する成功への道はない――既知の事実だ。誰もがそれぞれのルートで自身のゴールに向かうのであり、まったく平坦な道はない。良い時期も悪い時期もある――そのサイクルも人によってまちまちだ。誰もが障壁や問題に直面する――それも人によって程度はさまざまだろう。しかし、自分がぶれずに前進を続け、柔軟でクリエイティブな姿勢と熱意をもち続ければ、必ず道は開ける。

私は自分のゴールを諦めるつもりはなかった。そのため、現実的かつ柔軟でクリエイティブ、実利的でなければならなかった。私は調査に着手した。ベンチャー投資家や起業家ほか私よりもシリコンバレー歴の長い人々に話を聞いた。私よりも強いコネクションをもっている求職中のCEOが大勢いる以上、私には一流企業でのポジションは望むべくもなかった。シリコンバレーではこのような力学が働いている。投資家が複数の企業に出資し、成功する確率が高いと考えられる企業に「ベストな」CEO候補者を紹介する。私がその流れに入りこむのは無理だとわかっていた。しかし同時に、成功確率がさほど高くない企業を回復基調に乗せる能力はあると確信していた。よって、私が探すべきは、大きなベンチャーキャピタルから資金を得ている、てこ入れが必要な企業となる。そうすれば、次のポジションを考えるべきときには、トップクラスの企業関連の仕事をした経歴ができる。

見つけたのは、ザップレットという会社で、私にとっては完璧だった。破綻していたが、コネクションと将来性には事欠かなかったからだ。メインの投資家は、略してクライナー・パーキンスと呼ばれる一流のベンチャーキャピタル、クライナー・パーキンス・コーフィールド・アンド・バイヤーズだ。その会社がCEOを探していた。もしかしたら、これが私にとってのチャンスかもしれない。そう思った。

第27章　つながりをもち続ける

ワーク・ライフ・バランスに関する私の考えはすでにお話しした。私が求めるのは、バランスではなく、統合だ。犠牲を払うことに意義はない。選択にこそ価値がある。上昇志向の強い若いビジネスパーソンが家庭をもつとはそういうことだ。常に家族のそばにはいられず、肝心な場面に立ち会えないこともある。それでも、家族は私にとって非常に大切な存在だ。だから、ここぞと思う機会に家族と共に立ち会うために、努力を惜しまなかった。しかし同時に、どこまでが可能かを示しておくことも忘れなかった。特に、カリフォルニアに単身赴任する際には、職業人としての義務に忠実でありながらも、自分が子どもたちを大切にしていることをわかってもらうにはどうすべきか、知恵をしぼった。子どもたちと調整し、合意事項を何があっても守ることで決着した。

オートデスクのCEOだったキャロル・バーツから伝授された戦略は、秀逸だった。キャロルとは共通の友人を介して知り合った。コーヒーを飲みながらおしゃべりをし、靴のサイズが11であることをはじめ、共通点が多いことを知った。話をする中でキャロルは、その後の我が家に大きな影響を与えたアプローチを教えてくれた。ケスリンやキートンが新しいことを始めたり新学期に入ったりするたび、試合や発表会などのスケジュールをチェックし、観に行けそうな数を検討する。そして約束する。「今期は最低でも4回応援しにいく」そして、6回行けるよう努力する。こうすれば毎回観戦することはできなくても、約束だけは守れる。もし6試合すべてで声援をおくれれば、家族全員にとってベターな結果となる。来てくれない母親の姿を探してスタンドに視線を走らせるようなことを、自分の子どもにさせたくなかった。

また、電話についても固い約束を交わした。私と話したいことがあれば電話をするように、子どもたちに言っておいた。たとえ平日の昼間であっても、電話に出られるときには対応する。もし重要な要件にもかかわらず私が出なかった場合は、再度連絡すれば、そのときには必ず電話をとることにした。この約束があったため、仕事に長時間を費やしていても、私の最優先事項は自分たちだと子どもたちは理解してくれた。

仕事のためにダラスとシリコンバレーを往復していた頃は、当然ながら家族との時間をとるのがもう少し厄介だった。家族とつながっているためのライフハックを教えてくれたのは、当時高校2年生だったケスリンからのサプライズだった。それは私がカリフォルニアで仕事を始めた年だった。母の日にケスリンからのプレゼントを開けた私は、若干とまどった。旅行のマークが表紙に描かれた薄い手帳だった。文具店でよく見かける、中に何も書かれていないタイプのものだ。「開けてみて」とケスリンに促され、私は表紙をめくった。最初のページに、こう書かれていた。

親愛なるママへ、
ママと私がもっとつながっていられることを祈って、この手帳を買いました。一週間は私の手元において思ったことを書きます。それからママに渡すので、次の週はママの気持ちを書いてください。

ケスリンより、愛をこめて

読みながら涙が出た。ケスリンとは、難しいときもあり、長く離れてもいた。大きな変化を受け入れることを何度も強いた——それなのに、娘のほうから私とつながりを深めたいと言ってくれた。すべてを越えて、私を気遣い愛してくれるケスリンへの感謝で胸がいっぱいになった。

そして、母と娘の週ごとのやりとりが始まった。自分の考えを日記にしたため娘に伝えるのは、本当に楽しかった。

カリフォルニアでの住まいは、離婚直後の住居のように殺風景なものだった。生気のない場所で落ち着かず、正直なところあまり帰りたいと思えない家だった。スコッティとは毎晩、子どもたちとも頻繁に電話で話をしたが、自分の家と呼べる物理的環境がないのが寂しかった。そこで、日記にその日のできごとを記した。

かわいいケスリン、

今日も長い一日でした。重要なチャネルパートナーにＤＳＬの加入数を増やしてもらうための会議がありました。それから、役員会議に向けてセールスおよびマーケティング部門のプレゼンテーションを完成させなければいけませんでした。今はがらんとした家で、ダラスの家であなたたちと一緒にパパのお料理を食べられればいいのにと思いながら、サラダと温めた冷凍食品の夕食をとっています。夜は本当に最低。でもこれが、お互いの望みを叶えるために選んだトレードオフです。何も飾られていない白い壁を見つめては、私はＣＥＯになることを、あなたは卒業まで転校しないことを望んだのだと、自分に言いきかせています。そのために、このわびしい家に一人いるのだと。あなたを愛しています。

たいした文章ではなくただの日記だったが、心の支えになった。自分の考えを書きとめるよりも楽しかったのが、ケスリンの日々の生活を知ることだった。二人で状況にうまく対応しているのを実感し、家族が前向きでいるのをひしひしと感じられた。

私の結論はこうだ。キャリアと家庭を両立させる選択をするならば、トレードオフは避けられない。しかし、創造性を働かせ協力すれば、たとえ仕事のために遠く離れざるを得なくとも、自分の家族らしいやり方でつながっていられるものである。

第28章　諦めは禁物

ザップレットからのオファーを受諾する前に、私は会社と主要な投資家に関するデュー・デリジェンス〔適正評価のための調査〕を行った。私は、ラウドクラウドのＣＴＯだったイン・シック・リーに同社のソフトウェアについて調べてもらった。そして、ザップレットには使いものになるソフトウェアのベースがあることを確認した。次に、クライナー・パーキンスのパートナーでザップレット案件の責任者であるビノッド・コースラについて尋ねてまわった。非常に優秀で、担当企業のために努力を惜しまず、数々の成功をおさめてきた人物だった。しかし、自身の意見を曲げず、企業に対して苛烈な仕打ちをすることでも知られていた。

ビノッドと初めて顔を合わせる前から、私はほぼまちがいなく仕事のオファーがくるだろうと予想していた。クライナー・パーキンスの人事担当パートナーとの間で、報酬の交渉も始まっていた。しかし、重要な質問が一つ残っており、それを尋ねればビノッドの気が変わり、オファーをとりさげられる可能性も考えられた。ビノッドのオフィスを訪ねた私の頭の中は、緊張と興奮、そして決意でいっぱいだった。彼の姿が目にはいった。私に歩みよって手をさしだすと、椅子が並べられた小さなテーブルにつくよう促した。私は腰をおろし、オフィス中の壁に飾られている、四人の子どもの写真を眺めた。

世間話を少ししてから、ビノッドは私の身上調査結果を伝え、CEOのポジションをオファーした。私は深呼吸すると、ビノッドの目をまっすぐ見た。「ありがとうございます。一つだけ質問があります」もう一つ大きく息をした。「あなたは、担当企業に対するサポートについては定評がおありです。同時に、意志が強く、ときに相手を圧倒されることもあると聞いています。私からの答えを申しあげる前に、私に求められているものをお聞かせ願えますか？　あなたの戦略を実行することでしょうか、それともCEOの役割を果たすことでしょうか？」何とか質問できた！　ビノッドは、私の目をまっすぐ見返した。長く気まずい沈黙が流れた。あまりにも長かったため、私の頭の中をありとあらゆる後悔の念がかけめぐった。怒らせてしまったのか？　しくじったのだろうか？

すると、ビノッドの厳しい表情がややゆるみ、口角がわずかに上がった。「シェリー、私は意見がはっきりしているし、性格も強い。CEOがそれを支配的だと誤解するときもある。私がきみに求めるのは、CEOとして、全責任を負って企業を経営することだ」

わかりました！　私は、2002年12月のこの日を忘れることはないだろう。ビノッド・

コースラのオフィスを出て車に乗りこむと、私は夫に電話した。「スコッティ、CEOのオファーをもらったの」「当然の結果だよ」スコッティは言った。

40歳までにCEOになる。私は自分のゴールを達成した。あとは仕事に邁進するだけだ。

◆

2001年にインターネットバブルが弾ける前のザップレットは、ベンチャーキャピタルから1億ドル以上の資金を調達した、注目のスタートアップだった。私が入社した2002年12月の時点では、手元に残っていた資金はその10％未満だった。この会社のソフトウェアプラットフォームは、IT部門が短期間で簡単にアプリを制作するためのサポートを目的としていた。しかし、バブルが弾けた後は、すぐに投資が回収できないものに関心を示すIT部門は消えうせ、残念ながらザップレットのプラットフォームは取り残された。新規顧客への販売は基本的にゼロで、キャッシュフローはマイナスだった。私の仕事は早期にこの会社を立て直すことであり、それができなければ廃業するしかなかった。

時間との競争だった。キャッシュバーンを削減し、資金が底をつくまでに全体戦略を立案する時間を稼がねばならなかった。可能な限りコストをカットし、ビジネス上の課題を探すことにした。ただし、探したのは自社ではなく、他社の課題だった。ザップレットが復活するには、他の企業や団体がかかえる現実的かつ重大な問題を解決する必要がある。

ザップレットのソフトウェアを活用して解決できる問題を特定するのが、私の急務だった。そこで市場のトレンドに詳しい識者の知恵を借り、重役とディスカッションを重ね、投資の準備を開始した。私が尋ねたのはザップレットの立て直しに直接関連するアドバイスではなかった。現在、多くの企業が認識している課題は何であるかを聞いたのだ。

コンプライアンスの問題を最初に挙げてくれたのは、ロジャー・マクナミーだった。インターネットの黎明期は、西部開拓時代のような無法状態だった。ウェブ上で操業する企業の数が増えるにつれ、個人情報の利用に関する法令も増加していった。世界中の政府がこぞってオンラインビジネスを対象とした法令を制定し、違反者に課せられる罰金その他の懲罰も格段に大きくなっていった。しかし、短期間に法令が変わる状況下でのコンプライアンスは容易ではなかった。私たちが注力すべき課題はこれだ。ザップレットのソフトウェアプラットフォームで、企業のコンプライアンス管理をサポートし、法令に違反し代償を払うリスクを最小化するソフトウェアを制作する。

戦略は固まった。この戦略を実施できるよう既存の組織を再構成するには時間も費用もかかりそうだったが、あいにく私はいずれも手にしていなかった。この頃、ビノッドがメトリックストリームのＣＥＯであるガンジャン・シンハに引き合わせてくれた。メトリックストリームは、品質管理と実務コンプライアンスの分野に特化した小規模な企業である。

２００３年秋、私たちはこの2社を統合し、ゆくゆくはソフトウェアの新規カテゴリーになると思われた分野をターゲットする決断をした。総合的なコンプライアンスおよびリスク管理である。新たな戦略と2社の統合が奏功し、私たちは資金調達に成功した。

この後二年にわたって、私たちはコンプライアンス管理、リスク管理、内部監査などのソフトウェアやソリューションの開発に没頭した。２００５年になって、コンプライアンスやリスク管理従事者にコンテンツやトレーニングやターゲット業界のベストプラクティスを提供するいっぽうで、インサイトや次にターゲットすべき分野や課題を特定する材料を発見するための情報を蓄積できる、世界初のポータルサイト、ComplianceOnline.comを立ちあげた。無名の企業が大企業のかかえる事業上の難題を解決するソリューションを売りこもうとしたのだから、２００５〜２００７年にかけては苦労の連続だった。転機は２００８年初めにやってきた。ＩＴ業界リサーチ＆アドバイザリ企業のガートナーが、「Magic Quadrant for Enterprise Governance, Risk and Compliance Platforms〔大企業向けガバナンス、リスク管理、コンプライアンスプラットフォームのマジック・クアドラント〕」と称するレポートの中でこの市場を取り上げ、トップ企業を紹介した。業界リーダーと名指しされたのはメトリックストリームだった！　ついに私たちは認められた。引き合いと注文の電話が鳴りやまなず、製品パイプラインが拡張し始めた。このモメンタムを逃してはならない。セールスとマーケティングを増員すると共に、２００８年に業績が急拡大する見込みを根拠とした、２００９年の成長計画実施のための資金調達計画を立てた。

残念ながら……ことは計画どおりにはいかなかった。私たちの業績は上がったが、２００８年９月29日に株式市場が大暴落した。ダウ平均株価は日計り商いで７７７・68ポイント安となり、この時点までの史上最大の下げ幅を記録した。新規の発注はこつ然と姿を消し、メトリックストリームの銀行残高は一転して日に日に減っていった。私たちはコスト削減とレイオフを余儀なくされた——誰にとっても残念な展開となった。しかし、もっと難しい決断を迫られるときがすぐそこまできていた。

２００９年の１月にはキャッシュがほぼ底をついた。事業を停止するか、打開策を模索するのか？　銀行残高は２００万ドルを切っており、四半期ごとの給与もカバーできない状態だった。営業経費まで手がまわらないのは言うまでもない。戦略が必要な局面だ。メトリックストリームの経営陣を集めて、作戦を練った。全員の意見が一致した。私たちは打開策を見つける。ここまで必死に努力し、成功の甘さも味わった。それだけの仕事をしてきたのであり、もう一度成功したいと考えた。このまま敗走する気はなかった。結果、会社のモットーに「諦めは禁物」の一文が加わった。私たちは、ビジネスモデルを見なおした。経営陣は報酬カットに応じ、私も自分が何をすべきかを理解した。

スコッティは、多くの企業と同様にメトリックストリームが厳しい経営状態にあることを知っていた。そのため、ある夜帰宅した私から、一年間年俸を辞退するとの考えを聞かされたスコッティに、大きく動揺する様子はなかった。

夕食後の片づけを終えたところで、スコッティはキッチンのスツールに座っていた。「ぼくらはやっていけるのかな？」片眉をかしげて、スコッティは尋ねた。「確認してみた？」

私はスコッティのひざに軽く腰かけた。「確認した。やっていけそうよ。貯蓄はかなり少なくなるけれど、借金はしないですみそう」言いながら、私は彼の頭を両手でかかえた。「こんな予定じゃなかったのはわかっている。でも、みんなでがんばって、メトリックストリームをここまで立て直したの。私たちが提供しているのは現実に発生している問題のソリューションで、ガバナンスやリスク、コンプライアンスのエリアには大きな将来性がある。自分のチームも信じている。この会社を成功させられるとすれば、それは私たちだと思う。ただし、大きなリスクをとることになる。私たち夫婦もチームよね？　あなたの意見を聞かせて」スコッティは、私の懇願するような目を覗きこみ、微笑むと私にキスした。「ぼくは、貧乏生活を知らないわけじゃない」私たちは笑ってハグした。結婚して24年になるが、もう一度この人と結婚し直してもいいと思った。そして、スコッティのサポートを受けて、私はこの会社を立て直す意志を固めた。必ず再浮上させてみせる。

第29章　学びの機会は一生続く

仕事生活が激動の時期を迎えた一方で、家庭生活では、スコッティと相談して決めた3つの資質を子どもたちに伝えようと私は心をくだいていたが、彼らは彼らなりの成長を遂げていき、私は子どもたちをとおして生涯学びの機会が続いていくことに気づき始めた。

ケスリンは高校を卒業し、黒人のために設立された大学へと進学した。私は心から彼女の選択を支持し、黒人のための大学を卒業した父親同様に、アフリカ系アメリカ人のカルチャーを学ぶ機会ができることを歓迎した。ティーンエイジャーの例にもれず、ケスリンも高校時代につらい思いを経験してきた。カリフォルニア時代に交換日記をしてはいたものの、振りかえってみれば、もっと近い存在になれたのではないかという思いは拭えない。私が初めてCEOになったのは、ケスリンが高校4年生のときだった。ザップレットの立て直しは大変な力仕事だったため、毎日遅くまで仕事に忙殺され、精神的にもいっぱいだった。ケスリンにネガティブな兆候が窺えることはときおりあった——少々ふさぎがちになるが、問題ないと言いはり、翌日には元気になっている。ティーンエイジャーはそういうものではないだろうか？　ケスリンがそれまで培ってきた自活力、自信、気遣いがあれば、娘はどのような望みでも叶えられると私は信じていた。

ケスリンの高校卒業をもって、彼女との約束は果たされた。そこで、スコッティ、キートン、私の三人は合流することにした。シリコンバレーでの仕事が佳境を迎えていたため、スコッティとキートンがダラスからカリフォルニアに転居してくることになった。ようやく私に落ち着ける家庭がかえってくる――一人大切なメンバーが欠けてはいるが、それでも私は待ち遠しくてたまらなかった。熾烈なプレッシャーの下で一日中働いた後に、ハグで迎えてもらえると思うと心が安らいだ。

カリフォルニアに構えた新居に落ち着いてすぐ、私の祖母と同居することにした。祖母は88歳にして一人暮らしをしており、健康状態に少なからぬ不安をかかえるようになっていた。私はその状況に耐えられなかった――祖母には家族と一緒に暮らしてほしい。それが私だったらなおいい。その頃までに祖母は、スコッティとは長年の親友（自分がお腹を痛めた子どもでもこれほど愛せないだろうと語るほど）のようになっており、また、曾孫のキートンがティーンエイジャーになってもかわいくて仕方なかった。そこで、彼女は4ベッドルームの我が家の3つめのベッドルームの主となった。私は、再び家族らしい息吹を感じられることに心が躍った。しかし、ケスリンにとっては少し違うようだった。3つめのベッドルームが祖母の部屋となり、4つめはゲストルームとして空けておくことにしたため、この新しい家には彼女の部屋はなかった。どのみちケスリンは反対側の東海岸にあるスペルマン・カレッジにいるのだから、問題はないと私は考えていた。いつ訪ねてきても、自分の家だと感じてくれるものと思っていたのだ。

◆

スコッティと私は、このライフステージで何をしようかと思いをめぐらせていた。長年子育てをしてきて、ようやく我が家にはティーンエイジャーが一人いるだけとなった。新しく加わったコミュニティでどのような役割を果たしたいかを考え始めてもいい頃ではないかと思った。日本は例外だったが、私の両親の例にならい、それぞれの任地には長期間留まるものとして振舞った。しかし、心のどこかで、シリコンバレーには本当に長居するのではないかと感じていた。そのため、行事やパーティを計画し、周囲の人々と親しくなるよう努めた。

カリフォルニアに移った2カ月後のある土曜日、キートンがつまむ物はないかとキッチンに入ってきた。成長期の14歳だった息子は、常に空腹だった。

「パパ」キートンは尋ねた。「今週末の予定は？」

スコッティは片眉を上げた。「さあな。何がしたい？」私に目をやってから、再びキートンを見た。「バド、おまえはどうしたい？　何かしたいことはあるか？」

特に何もないようだった。二人は週末のプランを相談した。数分後にキートンがゲームをしに自分の部屋に戻るまで、私は特に注意を払わなかった。

スコッティが両手をカウンターについた。「どういうことだかわかるかい？」と私に尋ねた。私は後片づけを終えるところだったため、半分上の空だった。「何が？」布巾をラックにかけながら、私は言った。

「何をするにも三人でする前提なのに、気づいてないのか？」

「キートンのこと？　だって、うちは三人家族じゃない。違う？」

「シェリー、キートンにまだ友だちができないのはおかしいと思わないか？」

それではっとした。私は片づけをやめ、手を腰にあてた。「スコッティ、あなたの言うとおり。友だちの話なんて、一度も聞いたことがない」

スコッティが眉を寄せた。「それで、考えてみたんだ。どこへ引っ越しても、キートンの初めての友人はケスリンが最初に仲よくなった子のきょうだいだって、以前に話したことがあるよね？」

「そうだった。スコッティ、あの子はケスリンなしで友だちをつくったことがない！」

スコッティは笑った。「あいつなら大丈夫。気の合う人間に早く出会えるといいな」

当時キートンがどう思っていたかはわからない。しかし今の彼は、転居を繰り返したことが最高の社交術レッスンだったと言っている。両親の心配をよそに、カリフォルニア生活の最初の2カ月ほどで、キートンは姉の橋渡しなしでも新しい学校生活に少しずつなじんでいった。結局、キートンが課外活動に熱心だったことがきっかけとなり、バスケットボールのシーズンが始まる頃には大勢の友人に囲まれていた。

キートンのアプローチには教えられるものが大きかった。私の人生は野心と前進とスピード重視に彩られていた。忍耐力はあまり出番のないツールだった。息子の様子を観察し機をうかがう（息子が観察し機をうかがっているかたわらで）のは、私にとって自然な行動ではなかった。しかし、息子は自分の方法とタイミングで行動するとわかっていた。私同様、キートンも自分の人生にスケジュールを設定していた。しかし、一度は学業をくだらないと切りすてた彼が、極めて優秀な成績でハワード大学を卒業する日まで、私はそれに気づかなかった。

◆

キートンとの関係では忍耐が私の課題だったが、ケスリンと私の間の問題は少々違った。交換日記の効果もむなしく、娘が10代後半になると母娘の関係にすきま風が吹くようになった。以前のようにコミュニケーションをとり、情報交換をしなくなっていったのだ。ケスリンは自分の世界をしっかりともっており、私を必要とはしていないようだった。思い返せば、自分の存在がいつの間にか陰に押しやられたように感じて、そのときに娘の人生で大きな役割を果たしている人々に嫉妬していたのではないかと思う。自分の子ども時代に何の不満もないが、私は懸命に働いて、自分が与えられたよりも快適な暮らしと経験を二人の子どもに与えた自負があった。単なる稼ぎ手ではなく、必要な存在でいたかった。ケスリンは成長し、私から離れていく。私は離れたところから見守るしかない。それはとてもつらい経験だった。

実はそのとき何が起こっていたかを、私は知らなかった。互いに愛情はもっていたものの、娘と私の関係はほころびていた。娘との距離が徐々にあいていくのを感じた私は、すがりついてしまった。自然と、門限や家族でなく友人と過ごす時間の長さについて、議論になることが増えた。ケスリンは争いや問題を直視するのを避けて、友人宅に泊まるようになった――しかし、娘はまだ10代だった。それ以外に何ができただろう？　加えて、私が不在にしがちだったため、物理的な距離が精神的な距離を増幅した。つらい時期だった。そして、何も解決できないまま、ケスリンは家を出て大学に入学した。

娘が大学生になったばかりの頃に私たちが踏みこんだ会話をしたのは、両手で数えるほどしかなかったように思う。母娘共に学んでいた時期だった。ケスリンは私にそばにいてほしいと切望しながらも、自力で新たな環境や心の傷に対応し、新しい交友関係を築いていった。私はと言えば仕事に忙殺されながら、娘との間の距離を縮める方法とタイミングを計りかねていた。何事もそうだが、完璧なタイミングなるものは存在しない。いきなり要点に触れられる瞬間が訪れるはずもなく、電話で一歩ずつ距離を縮めていった。ケスリンも大人になるにつれ、私が母親であるだけでなく一人の人間であること、そして自分が第一子だということを理解するようになった。ある日の電話で娘を遮ってこう言ったのをよく覚えている。「ケスリン、あなたは初めての子どもなの。ママもどうしたらいいか、わかっているわけじゃない。手さぐりなのよ！」自分の人生なら自分だけで計画できる。しかし、自分たちの思うとおりの母娘の関係をつくるには、二人で取り組まなければわからなかった。ケスリンと私は、連日電話で話をした。

10年の時を早送りして、スペルマン・カレッジを卒業したケスリンが２０１７年のコンボケーションでスピーチ候補にあがった話を紹介する。彼女はインスタグラムの投稿で、選考委員会に対してこのようにアピールした。

さまざまな役割（女性、社員、起業家、母親、妻、友人）を「こなし」ながら、充実した成功者でいるためにはどうするか？　私ならこうします。私は、人生のあらゆる局面で戦略的な選択をしてきました。これまでしてきた（そしてお断りした）仕事、これから結婚するであろう相手のタイプ、自分たちが夢を追求できるような金銭的・時間的計画の立案、それから子どもが生まれた後にも自分の身体的・精神的健康を重視すること。私は目的意識が強く、自分が必要とするものの基準を設定し、自分自身を優先するのに、率直に言って誰にも遠慮は無用だと思っています。ですから、みなさんにも自分なりの戦略を立てていただきたいと思います。そう、誰に遠慮する必要もないのです。

この投稿を読んで、私は胸がいっぱいになった。私たち母娘の関係は良い時期ばかりではなかった。私には欠点もあり、「ＯＪＴ式」に学ぶしかなかった。それでも娘は自信に満ちた女性に成長してくれた。ケスリンの投稿には、娘がこのように人生を考えてくれればと私が常々思ってきた内容が、そのまま表れていた。選択の余地は必ずあり、何を選ぶかを自分で決め、罪の意識を感じることなく自分の選択を堅持する権利は誰にでもある。みなさんも例外ではない。自分のことは自分で決め、それを完遂するのだ。誰にも遠慮する必要はない。

第30章　自分こそが適任者

最終的に、破産寸前で私に託されたザップレットは、ひとかどの企業へと変貌した。優秀なチームとガンジャン・シンハという素晴らしいパートナーの力を借り、10年の歳月をかけて、あらゆるポテンシャルをかき集め、現在ではメトリックストリームと社名を変更した活気溢れる企業として成功したのだ。レッドヘリングトップ１００とデロイトのテクノロジーＦａｓｔ50にノミネートされ、ソフトウェアのアナリストが選ぶ業界リーダーに毎年名を連ねるようになった。私の入社当時の45名体制から、１０００名以上を雇用するまでになった。各種の賞を受賞し、クライアントは世界中におよぶ。瀕死の状態になったことも幾度かあったが、「諦めは禁物」のスローガンの下でくぐり抜けてきた。チームが大きな成果をあげたことを、私は心から誇りに思っている。

同時に、自分の戦略（自身のキャリアゴール、家族、そして会社のための）のおかげで、自分が最高の人生をおくれたことも、誇らしく思っている。その後のキャリア人生全体を導くゴールを設定した16歳のシェリーと、その達成を目指す道でサポートしてくれるパートナーと家族を想定した大学生のシェリーに、礼を言いたい。もちろん、ここまでついてきてくれた夫のスコッティと、ケスリンとキートンという子どもたちにも感謝している。ある部分ではおとぎ話のように聞こえるかもしれないが、魔法の豆も救いの手をさしのべる妖精も登場しない。あるのは、野心、先を見越す力、計画性、柔軟さ、そして努力である。そう、みなさんにもできるということだ。スタート地点とキャリアや人生のゴールにかかわらず、成功に向けた戦略策定は可能だ。自分を信じる。自身のゴールを決め、ひたすらそれを追求し、胸をはって報酬を受ける。応分の見返りだ。どうか、これを忘れないでほしい。

アメリカでは、誰であろうと努力さえすれば万事うまくいくと考えられがちであるが、残念ながら、そうではない。戦略的に動けば成功確率を高くできると考えるべきだ。人は誰しも荷物を背負っている。ときに荷物があまりにも重く、どうがんばってもついていくのが精いっぱいのように感じられる。常に荷物を背負っていれば、慣れが生まれる。原因が自分にある、もしくは自分は重荷を背負って当然なのだと考えるようになるかもしれない。それも間違った考えだ。人は人生のゴールを決め、それに向かって邁進する権利がある。

背負う荷物は人それぞれだ。生まれながらの不平等に起因する場合もあれば、これまでの人生で起こったできごとが原因である場合もある。家族や健康問題をかかえる者もあり、経済的、政治的混乱の影響を受けた者もある。私と同世代の人種的マイノリティや女性であれば、現代よりも重い荷物を背負わされていたはずである――家事の負担、男性中心の職場に居場所を見つける難しさ、能力や希望、将来の夢を勝手に規定されること。さらに、あらゆる面において社会の想定という名の重荷を引いて歩いてきた。外見、服装や話し方、自宅の整理整頓や子育て、果ては人生に何を期待するかまで、それはおよんでいる。次世代にはそういった負担がないとは言えないが、私たちの世代よりはましな状況になっていることを望む。

間違いなく、現在はロールモデルに事欠かない。私が若いビジネスパーソンだった頃には、企業経営に携わる黒人女性は皆無だった。今では、ゼロックス・コーポレーションのアースラ・バーンズ、オプラ・ウィンフリー、スターバックス・コーポレーションのロザリンド・ブリュワー、アメリカン・ブロードキャスティング・カンパニーのチャニング・ダンジーなどがいる。上院議員や企業の取締役にも、アフリカ系アメリカ人女性がいる。いまだに少数派でもあるものの、その数は増加しつつあり、また黒人女性以外にも多様なバックグラウンドを持つ有力者が増えつつある。私が仕事を始めた頃よりも、人種的マイノリティや女性がおかれている状況が改善しているのはまちがいない。ただし、率直に言って、まだ充分ではない。私たちにとっては、「努力すれば、望みは叶う」ほどこの世は単純ではない。「自分の望みの本質を理解できていれば、到達する方法は見つかる」のほうが正解に近いだろう。

自分の背中の荷物は自分で負うしかないが、必ずしもゴールの足かせにはならない――この点は、いくら強調しても足りない。野心を抱き、成功のための戦略を策定するのだ。誰しも、望むとおりの人生を、自分がしかるべきと考える条件で、生きる権利がある。次のパートでは、成功を引き寄せやすくするための、私の考えがおよぶ限りのアドバイスを伝えたい。

PART
5

成功確率を上げる

第31章　メンターを見つける

最初にソフィア・ベラステギが私を買った。そして私は、あやうくソフィアに流産させかけた。

私たちは、ウォーターマークというビジネスウーマンのコミュニティのメンバーだった。私はサイレントオークションに私の時間を1時間出品し、落札したのがソフィアだった。彼女は（大枚をはたいて）文字どおり私を買った。目的が何であるかを聞くのを、私は楽しみにしていた。

オークション当日に顔を合わせることはなかったが、まもなくソフィアから連絡があった。電話で話した際に、私が今でも行っているウォーキングミーティングを提案した——エクササイズを兼ねた会話だ。ただし、相手が妊娠8カ月であるとは思ってもみなかった。暑い日だった。レッドウッドショアーズで、ウォーキングシューズを履いたはちきれんばかりのお腹のソフィアと落ち合った私は、不安になった。

「本当に構わないの？」私は尋ねた。

「ええ」ソフィアは言った。「私なら大丈夫です」

すぐに自分とソフィアを重ねあわせた。意志も上昇志向も強く、必要とあらば何事も厭わない。しかし、強い陽射しの降りそそぐ街を歩きながら、私は心配になった。最初は私の大きな歩幅についてきていたソフィアの足どりが、徐々におぼつかなくなっていった。

ソフィアが日陰で座りたいと言ってくれたとき、私はほっとした。

「それがいいわね」私は言った。「私はあなたのために来たのであって、その逆ではないはずだもの」

メンターとメンティーとの間には不思議なダイナミクスが醸成される。メンターに初めて会ったとき、人柄まではわかっていないこともある。本能的にその人物の指導に従うべきだと思うだけだ。しかし、メンター関係のポイントは、自分より成功している者のために働くことではない。方法は一任するものの、相手に自分のために動いてくれるよう依頼するのだ。

ソフィアがウォーキングできるいでたちで現れただけでも、大変な努力だった。加えて、彼女は自分の懐から私の時間の対価を支払っている。とすれば、アドバイスを受けるために、ソフィアが身体的につらい状態を耐える必要はないはずだ。

「さて」カフェに腰を落ち着けると、私は言った。「何をしてほしいか言ってくれる?」

ソフィアは30代前半の韓国系アメリカ人のエンジニアだった。悪くない業績を上げており、半導体産業からコンシューマーエレクトロニクス業界への転職を考えていた。しかし、出産間近でもあるため、しばらく仕事はしない予定だった。

「どうしていいかわかりません」ソフィアは言った。「異なる業界にキャリアチェンジしても問題ないでしょうか？　母親になってからも変わらずキャリアを積むには、どうしたらいいでしょう？」

私は再び心を動かされた。この質問にアドバイスできる者は、シリコンバレーに多くはいない。ソフィアは、特に私を選んで接点を持とうとしたのだった。

「とてもいい質問ね」私は言った。「私にとっての正解が何で、私があなたの立場だったらどうするかを話すことはできるけれど、それが誰にとっても効果的だとは言いきれない。今のあなたはキャリアの重大な分岐点にいる。大切なのは、戦略を立ててぶれないこと」

1時間で、私たちはソフィアにとってのベストアプローチを策定した。まずコンシューマーエレクトロニクス業界の理解を深め、彼女が貢献できそうな領域を特定する。そして、製品をマーケティングするように自分自身を売り込み、その領域に参入するためのネットワークを構築する。

「その業界で自分に何ができるかを把握して、どのようなサポートを求めるかを明確化するの。コンシューマーエレクトロニクス業界に転職したいというだけでは、漠然としすぎている。人に会うときには、何をしてほしいかはっきりと伝えなければならない。具体的なゴールを設定して、到達するために何を必要としているかを、周囲に知らせるの」

子育てに関しては、私には譲れない考えがあった。「ソフィア、自分を最優先するのを忘れないで。今日私とウォーキングをしにこの場所に来ることで、あなたは自分に大きな負担をかけたかもしれない。私が気づかない可能性もある。そうしたら、こうやって座って冷たいお水を飲む代わりに、救急車で運ばれていたかもしれない」

そして、必要だと考える期間は子育てに専念していられるような予算組みをしておくようアドバイスした。「回復する時間をとって」と私は言った。「子どもが生まれてくるまで9カ月かかる。あなただって元気になるまで時間がかかるはず」そして、ケスリンの生後数週間で職場復帰した際に、大変な思いをしたことを話した。「オフィスに戻れて嬉しいとは思わないはず」私は言った。「必要なだけ時間をとるべきよ」20年前とそのときとでは大きく状況が違った。産休の代償は大きかったのだ。短期間の産休は私の選択だったが、誰にでも勧めるものではない。大切なのは、各自が全体的なゴール到達のための計画をもつことだ。

それから10年近くが経過したが、ソフィアは順調に成功を手にしていった。アップルで仕事をした後、ネストでプロダクト部門長を務め、現在ではマイクロソフトのゼネラルマネジャーとなっている。何件もの特許を取得し、役員を務めるなどエンジニアリング界への還元も忘れていない。彼女とは、年に数回、一緒に食事をする付き合いが続いている。もちろん、ウォーキングすることもある。

◆

私は大学生になる前からメンターのアドバイスを受けてきた——そして、20代後半からは自分がメンターの立場になった。メンタリングがキャリアアップのチャンスを広げるのに役立つのはまちがいない。ただし、問題が一つ。ほとんどの者がやり方を間違っている。

ビジネスにおいては、ネットワーキングや組織などをとおした非常にフォーマルなメンター関係が多い。または社内で上位職の者が若手を育成するのもこれにあたる。ベストなメンタリング関係は、あまり接点のない者同士がときおり話をするフォーマルな関係であると考えられることが多い。この手法も有用ではあるだろうが、ガイダンスを与えるのにベストだろうか？　私はそうは思わない。

私の最初の「メンター」は、手あたり次第に内線で連絡して職務内容を教えてもらった、IBMのマネジャーである。私は正式にメンターになってくれるよう依頼したことはない。特定のトピックについてアドバイスを求め、対応が期待できそうな相手に対しては、フォローアップの質問をした。私の秘密の手法を紹介しよう。これまでに、私からメンターになってくれるよう依頼したことは、ほとんどない。堅苦しい依頼はなしで、メンタリングしてもらえるものとして接してきた。

想像してみてほしい。重役または上級職者は、ストレスの大きい業務をかかえて多忙を極めているものである。若手の社員が依頼を手にやってくる。「メンターになっていただけますか？」みなさんならどう思われるだろう？「勘弁して！」表情は曇り、椅子の背にもたれかかる。拘束時間という言葉が頭をかけめぐる。

このようなとき、依頼を受けた側は自分の責任だけでなく、相手の関与度についても考える。約束したミーティングにきちんと出席し、自分からのアドバイスを活用し、コミュニケーションを完結して、結果を連絡してよこすだろうか？アドバイスをした後連絡が途絶えることほど、失望させられることはない。そのため、メンターになることを躊躇する者が多い。

だから、しかるべきとされるやり方に捉われてはならない。私は堅苦しい依頼なしでメンターを獲得していった。難しそうと思うだろうか？

私がこの戦略に気づいたのは、ＩＢＭのマーケティングマネジャー時代だった。ＩＢＭには、女性および人種的マイノリティの有望社員に向けたメンター制度があり、私は自分のメンターを選ぶよう指示を受けた。私はご想像に難くないアプローチをとった。既知の仲であり尊敬している営業所長のローランド・ハリスを指名した。私たちは良好な関係を築いており、ローランドならば素晴らしいメンターになってくれるものと思った。

ほどなくして、あまり機嫌のよろしくないローランドから電話があった。彼はいきなり要点にはいった。「ぼくをメンターに希望したんだって？」

私は落胆した。「そうです。受けていただけると思っていました……」

ローランドはため息をついた。「シェリー、ぼくのアドバイスならいつでも聞けるじゃないか。そういう関係にない人を選ばなければいけないよ」

ああ、そうか！　気づきの瞬間だった。遠慮なくアドバイスとサポートを受けられる関係を築いた相手に、正式なメンターとなってくれるよう依頼して何になるというのか？

ローランドは、すでに私のメンターだった。

会社のシステムに基づいたメンター関係の価値は、自分の人間関係の外にいる人物とつながれることである。自分が次のステージに到達するために必要な知識や経験、コネクションをもっている人物を探すのだ。その時点でまだ知己を得ていない人物の名を記して、私はメンターリクエストを提出し直した。

ローランドの言葉は私の心に強く残った。「ぼくのアドバイスならいつでも聞けるじゃないか」関係性ができているのにメンターであることに気づいていなかった相手は、他にどれほどいるだろうか？　これで私の戦略が変わった。できる限り多くの人にメンターになってもらう。一人にアドバイスをもらうのがいいことならば、二人からもらえればなおメリットが大きいだろう。メンターが何人いてもメリットが頭打ちになるとは思えなかった。そこで、さしのべてもらえる手はすべてとることにした。

この後、私はこうやってメンターを獲得していった。シンプルイズベストである。

まず、アドバイスをもらいたい人物が見つかったら、出会う機会をつくる。廊下で短い会話を交わしたり、相手のオフィスに立ちよったり、手垢のついた手法ではあるが同じエレベーターに乗り合わせるのでも構わない。私は一つだけ質問（非常にシンプルで、イエスかノーで回答できるもの）をする。簡単に答えてもらえることが期待できるタイプの問いだ。そして、礼を言って立ち去る。

次に、受けたアドバイスを実行に移し、少したってから再度つかまえて、コミュニケーションを完結させる。直接会ってもメールでもいい。「アドバイスをありがとうございました。やってみたら、こうなりました。本当に助かりました。感謝します」

そして、別の質問をする——次にどうすべきかというフォローアップ、または最初に受けたアドバイスの効果が薄かった場合の代替アプローチに関する問いかけだ。「いただいたアドバイスを実行して、このような結果になりました。次の手はこう考えているのですが、どう思われますか？」

こうしてやりとりを続ける。そう、この方法で失敗したことはなかった。私が高い業績を上げスピード出世を遂げていたため、狙いを定めた相手が、私の成功に自分が一役かっていると感じるようになったのが要因だった。それは間違っていなかった。

心の中で誰かの役に立ちたいと思わない人はほとんどいないと思う。簡単にサポートできるようにし、結果をしっかりと連絡すれば、アドバイスのしがいがあると思ってもらえる。そのうちに、私のメンターは満足し、自分のサポートについて周囲に自慢するようになる。「そうなんだ、私はシェリーのメンターだ」という人もいるだろう。私はと言えば、感謝と尊敬の念を忘れず、私をサポートするのは簡単だと思ってもらえるよう努めた。このアプローチには、幾度も助けられた。

長年にわたって「メンターづくり」について話してきたが、私に対してこの戦略を適用してきた人はわずかだった。そのうちの一人が90年代後半に出会ったマーケティングの上級職者であるクリス・ボンディだった。私が彼女をコンサルタントとして雇った際、クリスは明らかに私に関する予習をしっかりとしていた。後日、彼女は私の話すメンターづくり戦略を耳にして、試してみることにしたのだと語った。非常にさりげないやり方だった。

クリスは些細な依頼やアイディアについての相談をするに留めた。メンターの側から言えば、彼女の手法は完璧だった。

公私のいずれかでお世話になった全員の名前を羅列する（ましてエピソードを紹介する）には、本書ではとてもスペースが足りない。しかし、最も早い時期からのメンターだったケン・ソーントンについては触れておきたい。私は、ケンの秘書の休暇中に臨時で仕事をした。ただし、IBMにおける「秘書」とは裏方の職種ではなく、会社の中枢を担う花形職種である。幹部候補生に、重役のかたわらで働いて、業務の内容を理解し人脈を構築する機会として与えられる。

業務の一つは、会議が重なるなどケンの予定が重複した際に、代理出席することだった。メモをとり、会議後に内容のサマリーをボイスメールにいれることになっていた。私は非常にまじめにとりくみ、最初は内容を細大もらさずカバーする長いメッセージを残した。

数日たって、ケンから話があった。「シェリー、きみはよくやってくれている」ケンは切り出した。「仕事ぶりには非常に満足している。ただ、あのボイスメールは困る。長すぎるんだ。知ってのとおり、私宛のボイスメールは多いので、メッセージは短くしてもらいたい。メインのポイントだけを伝えてくれればいい」

わかりました。フィードバックを受けたのだから活用しない手はない。IBMのボイスメールは、録音した内容を確認してから確定できるシステムになっていた。次に残したボイスメールは20秒だった——ただし、確定するまでに30分を要した。録音し、再生して、修正したメッセージを録音する。それ以上カットできないところまで、これを繰り返した。

ボイスメールがまともな状態になるまで私が何度テイクを重ねたかを、ケンは知らない。知ってもらいたいとも思わない——彼からのフィードバックを活かすためにしたことにすぎないからだ。代わりに、重役、それも男性の重役と話す際に重要なポイントを学んだ。簡潔さと効率性だ。要点を最初に伝え、それから根拠を述べる。あのときの気づきに助けられたことが、その後の仕事人生において何度あったかわからない。また、男性優位の会議で女性の声が取り上げられないのは、これができないからなのかもしれない。文脈を説明している間に却下され、要点を話すことができない。適切なアドバイスを活用するには熱意と努力が必要なのだ。無料のチケットや天国の鍵を、わざわざ手渡してくれる人などいない。しかし、受けたアドバイスを実践できれば、その見返りは小さくない。

つまり、成功確率を上げたければメンターを探すことだ。その際に、注意すべき点が二つある。

まず、自分が世界で初めて試みるケースなどほとんどないと理解すべきだ。高いイノベーション力を持っていても、前例がまったくないことをする機会はまずない。スピード出世を望むならば、現職での成績向上や次のステップの理解を助けてくれる人とつながるべきだ。

次に、他者の成功談を鵜呑みにしてはならない。自分とメンターとでは置かれた環境が違うかもしれず、また時代の移り変わりは早い。世界中のCEOのうち黒人女性はほとんどいないと知った私も、だから自分はCEOにはなれないと結論づけたりはしなかった。私だけのルートを開拓しなければならないと思っただけである。結局、アドバイスというのは有用だが、自身の現実というフィルターを通して受けとめる必要がある。

つながれそうな人物を特定し、それぞれから何を学びたいかを明確にする。そして、知恵を借り、自分なりの方法で実践に反映する。最後に、メンターのアドバイスがどれほどの力になったかをフィードバックするのだ。

第32章　人脈の構築

人脈づくりのできる者は仕事でも成功をおさめやすいとする研究は、これまで数多く発表されてきた。[参考文献14]私の成功戦略の中でも、家族を始めとする人脈は大きな役割を果たしてきた。私の家族の結束は固い。すべての家族がそうでないのは承知しているが、私はきょうだいやいとこ、叔母、祖父母に囲まれて育った。祝日ごとに集まり、何か問題があれば、誰かに電話で相談できた。これまでずっとそうであったため、私の人間関係（夫や子どもから友人にいたるまで）に色濃く影響を与えた。そうして、私は他者への信頼を身につけていったように思う——一人で世界とわたりあう必要はなく、人は心の奥に善意をもっているものだと。

家族が第一の応援団でいてはくれなくとも、孤独を感じる必要はない。私たちそれぞれが、学校、職場、コミュニティ、そしてインターネットを通じた人脈をもっている。しかし、必要に応じて自分のコミュニティにサポートを頼める人間ばかりではない。上昇志向があり、設定したゴールを追い求めている人ならば、ちょっとした手助けを受けたいと思うことはあるだろう。

　私にとっては、サポート人脈の核は家族だが、大学で学生組織やＩＢＭで人脈を拡張していった。しかし、人脈作りというものを本当に理解したのは、ブロックバスター・ドット・コムの社長時代だった。ＣＭＯのジム・ノターニコラと飛行機で一緒だった際に聞かれた質問に、不意をつかれた。

「シェリー、きみが意見交換をする相手は誰？」

　私は微笑むと、何人かの名前を挙げた。「そうじゃない」ジムが私をさえぎった。「社内の人間じゃない。社外の相談相手を聞いているんだ」

「そういう意味ですか」私は少々驚いて、ジムを見た。

「正直に言いますと、社外の人に相談しようと思ったことはありません」

　このとき、私はＩＢＭを辞めてからまだ一年足らずだった。ＩＢＭは巨大な組織であったため、何らかのアドバイスが必要になると、同僚の誰かに相談できた。しかし、ブロックバスターははるかに小規模であり、私は経営陣の一人だった。アドバイスを求めることのできる相手は限られていた。

「私は常に社外に相談相手を求めてきた」ジムはそういうと、何人かの名前を挙げてくれた。各界で尊敬を集めている人ばかりだったが、これまでの私であればアドバイスを求めようとは思わない人々だった。「シェリー、私が成功したのは彼らのおかげだ」ジムは言った。「信頼できて、外部からの視点でアドバイスしてくれる人を確保しておくといい」

私はこの言葉を心に刻み、すぐに外部のメンター探しを始めた。ブロックバスターを退職しシリコンバレーに移ったときに、自分史上最高のメンターと出会った。亡くなるまでシリコンバレーのアイコンとして君臨した、ビル・キャンベルだ。インテュイットの会長、アップルの重役や役員、クラリスのCEO（ほか数多くの役職）を歴任した人物だ。幸運なことに、私がCMOを務めていた時期のラウドクラウドの取締役の一人がジムだった。そこで、ジムにメンターになってもらった。本当は、私は正式に依頼はしなかった。いつもの戦略を実施しただけだった。四半期に一度くらの頻度で顔を合わせ、やがてビノッド・コースラへの紹介の労をとってくれ、私をCEOへと導いてくれた。

CEOになった私はさらに前進するために、ウォーターマークに参加することにした。ウォーターマークはベイエリアの女性重役（ほとんどのメンバーがCEOか幹部職だった）のために設立された組織である。経営に携わる女性ばかりが集う場所に足を踏みいれるのは、新しい経験でもあり刺激的でもあった。シリコンバレーの日常業務の中では、女性幹部と仕事をする機会はあまりなかった。しかし、ここは違った。話をすれば、共通の経験や共感できる部分がすぐに見つかった。この場で感じられる仲間意識は格別だった。そもそも、ＣＥＯになれる可能性は非常に低い。あるＣＥＯの任期中にその企業で働いている人数を合計して、その中でＣのつく役職につける女性の数を思いうかべてみればわかる。かなりの少数派になるはずだ。ジム・ノターニコラが言ったように、話のできる仲間がいるだけですべてが変わる。

経営者の組織にかかわるようになった私は、そこを離れたくないと思った。事実、私はウォーターマークの役員を10年以上務め、女性ＣＥＯを集めた自分自身のグループをその傘下に組織した。また仲間のいる状況になれたのが嬉しかった。自分が「肩の力を抜いて」接することができ、互いにサポートしあえるグループを切望していたのだ。ザップレットの資本構造を変える必要があった際に相談したのが、このＣＥＯグループだった。それまでは誰かに相談したことはなかった。取締役は私にとって上司であるため論外だった。また、重要な合併話が成立したのを喜んでくれたのも、このグループだった。

組織に参加するのを好む性質は、おそらく一生変わらないのだろう。私は他の組織にも次々と加入した。大企業の経営に携わる女性のための招待制組織であるＣ２００（２００人委員会とも呼ばれる）にも参加した。ＩＴ業界にアフリカ系アメリカ人重役を送りだすことを目的に設立されたインフォメーション・テクノロジー・シニア・マネジメント・フォーラムにも加わり、シリコンバレーでの経済的健全性とＱＯＬの向上に特化した公益団体シリコン・バレー・リーダーシップ・グループのメンバーにもなった。私がこれまでかかわったグループはこれがすべてではないが、シリコンバレーでかかわった団体は、加入時に自分がＣＥＯだったこともあって、特別な体験となった。自分が人間関係を構築し人脈をつくるに留まらず、他者をサポートし社会に還元できる力をもっていたからだ。

これが次のポイントにつながる。人脈づくりとは恒常的に行うべきもので、必要が生じたときのみ行う行動ではない。むしろ、自分が他者と交流する際には、相手に何かを与えるよう意識してみてほしい。受けた以上の価値を与えるのだ。度量の広さを示すためだけではなく、そうすることで守られる側ではなく、力をもつ側に立てるからだ。周囲から取り残されている、または機会や権利が与えられていないと感じている人には、特に重要な点だと思う。自分のニーズでなく、何ができるかをベースに、自分をポジショニングしてほしい。そうすれば、周囲からどのように見られるかだけでなく、自身の価値の捉え方さえも大きく変わってくるだろう。

周囲からの見え方と言えば――今日では、人脈づくりはオンラインで行うことが多い。しかし、人と直接会ってつながることの重要性を決して軽視してはならない。人と実際に顔を合わせるというのはオンラインとはまったく異質で、はるかに記憶に残る経験になる。インターネット上では強い人脈はつくれないという意味ではないが、リアルの世界で生身の相手と一度でも接すれば、関係はより強固なものとなる。これを習慣にするのだ。近隣の組織を探し、ミーティングや可能であればカンファレンスにも参加し、交流会に行ってみるといいだろう。デジタルコミュニケーションに頼る者が増えていく中で、実際に会った際の対人スキルは強みになる。また言うまでもなく、こういった組織にはアドバイスを求めたい相手や自分が手をさしのべる対象に出会う、またとないチャンスが待っている。

少女の頃にも結束の固い家族はいたが、大きな夢に向かう中で、私がまったく孤独を感じなかったわけではない。成長するにつれ、家族以外の人間関係の存在が大きくなり、そのおかげで、「自分だけが周囲と違う」状況においても、孤独を感じることはなかった。今ではアメリカ全土に仲間や友人がおり、中には素晴らしい女性やマイノリティのリーダーもいる。彼らに鼓舞され刺激を受けた機会は、数えきれない。さらに素晴らしいことには、若いビジネスパーソンのメンターとなるチャンスを与えてくれた。若く才能に溢れ多様性の高い世代が昇進していくのを見ると、嬉しくてたまらなくなる。みなさんにもぜひそうなっていただきたい。

たった一人でゴールに向かって走る必要はない。自分の人脈づくりに着手するのだ。自分にできるサポートをし、周囲にもサポートしてもらえばいい。適切な相手さえ選べば、喜んで手をさしのべてくれるだろう。

第33章　流れを見極める

「シェリー、成功の秘訣は何？　どうやったら、今のあなたのようになれるの？」
何度、聞かれたことだろうか？　一つだけ要素を挙げろと言われたら、私はこう答える。流れを見極めて、それに飛び乗ったからだ。

組織は体系立てられた権力だと前述した。企業や団体、果ては業界の中で上を目指すならば、内部での力の流れを理解しなければならない。そのため、16歳にして将来ＣＥＯになると決意した私は考えた。「どうすればいいのか？」と流れを探した。いつの日か手にしたいと願ったあの地位に昇りつめるための流れはどのようなものだろうか？

もちろん、あの年齢で組織の力学という観点から考えていたのではない。しかし、私は幼少期から生き残るためのスキルとして、力学を理解する力を身につけた。人種差別が横行していた時代に、白人の子どもしかいない教室で唯一の黒人児童・生徒はすぐに空気を読むようになる。誰も信頼できないことを、私は本能的に悟った。本音と建前の存在もすぐに見抜いた。自分を守るために、私は観察眼を磨いた。現状の本質を理解するために、人の言葉だけでなく動きに目を配った。傷つかないために始めた習慣だったが、やがてゴールを目指して邁進するにあたっての武器にもなっていった。

ＩＢＭのＣＥＯになると思い定めたとき、私はＩＢＭ内の流れを探り、Ｃのつく役職に向かう可能性が高いと思われる流れを特定した。セールスだ。大学を卒業すると同時に選択したこのステップには、ウォートン校の卒業生にふさわしいプレステージがなかったため、同級生のほとんどが首を傾げた。しかし、私にとっては当然の結論だった。ＩＢＭで私が目指すポジションについた人は、みんなセールスからスタートしていた。それ以外のルートは考えられないという意味ではない。しかし、上昇志向が強くスピード出世を目指すならば、既存の流れに飛びこむのが一番だ。だから、私はセールス部門を選んだ。

ここで少しスペースを割いて、セールスからキャリアをスタートすることのメリットを話しておきたい。私は今でも、最終目標が何であれ、最初の仕事にはセールスを勧めている。ベストな選択だと思っている。それはなぜか？　セールスでは、自分の望みやニーズを臆面もなく要求することを学ぶ。打たれ強くなり、ノーは拒絶ではなく「今はそのときではない」という回答にすぎないとわかる。交渉力が磨かれ、傾聴スキルが身につく。人間関係の築き方もわかってくる。セールスの技術は、流れを見極める力だと言っていい。商談室に一歩足を踏みいれた瞬間、力のありかを理解するために空気を読む。参加者が意見を求める相手や決定権者を見極め、注意を向けるべき先を特定する。相手のボディランゲージで関心を捉えられたか否かを判断し、空気感に合わせて流れを調整する。相手のもつ課題を吟味して、ソリューションを提供する。すべてがキャリアアップに必要な資質であり、スキルである。

閑話休題。話をＩＢＭに戻そう。私は流れに乗って想定外の場所（たとえば日本）にも赴き、その流れがＣＥＯのポジションにつながっていないと知るや、新たな水を求めた。当時、流れはインターネットに向いており、ダラスで一時期を過ごした後はその流れに任せてシリコンバレーにたどり着いた。川の水が岩を迂回して流れるように、自分のいる流れがせき止められたとき、私は迂回路を探した。インターネットバブルが弾け、私には大企業のＣＥＯのオファーはまわってこないと考えると、私は進路を変更し、自分に合った流れを見つけた。

つまり、自分のゴールを達成するために最重要のスキルとは、最も強い流れ（組織内であれ、業界内であれ、より広義の経済圏であれ）を特定し、常にキャリアアップできるように自分をポジショニングする力だ。行き止まりにしか続いていない機会はパスし、自分が思い定めたゴールへと導いてくれるチャンスを確実に手にするのだ。

第34章　リスクをとる

断言できる。**野心は必ず脆さをはらんでいる。**キャリアや人生そのもののゴールを追求するためには、リスクをとらねばならない。メンターにアドバイスを求めれば、自分にはわからない点がまだあることが露呈する。新しいことにチャレンジするとき、心から望むものに手をのばすとき、また誰かを好きになったときも同じである――自分をリスクにさらす。リスクを避ければ、機会も制限される。しかし、いちかばちかやってみる中でこそ、リスクを見返りに変えることができる。リスクと見返りは表裏一体だ。問題は、いかにして裏側に手を届かせるかである。

私もかなりのリスクをとったキャリア人生を送ってきた。この姿勢をとることができた条件を見返してみて、いくつかの不可欠な要素に気がついた。

第一に、**私には家庭人としても職業人としてもサポートしてくれる人々がいた。**スコッティという一番のサポーターを筆頭にした家族に囲まれているからこそ、新たな局面においても、必要であれば精神的なサポートが得られると信じられた。また、メンターや仲間といった人脈を築いてきたため、必要なときにはアドバイスを求められる相手が何人もいた。さらに、必要であれば躊躇せずアドバイスを求める人間であるという自覚もあった（手をさしだす勇気がなければ、サポートしてくれる人脈の存在など無意味だ）。

第二に、**自分の能力を信じる力を身につけてきた。**リスクをとるほど、そのプロセスに慣れることができる。リスクをとり対価を手にしてきた経験が、スキルや判断力に自信を与える。過ちを経験すれば、打たれ強さが身につく――教訓を得て、前進する。リスクには失敗の可能性がつきものだが、自分が**大きく失敗**しないこともわかっている。リスクをとる際にサポートしてくれる環境を用意しているだけでなく、過去の経験からやり直せるのがわかっているからだ。

第三に、**不安と事実を対比させるようにしている。**そのときに負っているリスクについて懸念はないかと聞かれれば、私は「もちろんあります。でも、事実を検証すれば不安を軽減できます」と答える。私は経験のない件に対しては、できる限り情報を検討し、事実と不安材料を照らし合わせてから決定するようにしている。私は自分にこう尋ねる。「この件の真価は何だろう？　どのようなメリットがあると考えていいのか？」そして、「最悪のシナリオは何だろうか？」それが特定できたら、「それは受容できるものなのか？」答えがイエスであれば、そのリスクをとる。提案を却下する際にもっともらしい理由を挙げたものの、実は不安が原因ではないかと思われる人を何人も見てきた。事実と対照させて不安を緩和する術を学んでいたら彼らはどう対応しただろう、と思わずにはいられない。

最後に、**他者がとったリスクを参考にすれば、自分のリスクを検討しやすくなる。**私のとってきたリスクについて、いくつかお話しする。

◆

2000年代の半ば頃、ケビン・クラークというウォートン校を卒業したアフリカ系アメリカ人から連絡を受けた。彼はIBMで私が率いていた部門で働いていた。数年にわたって、細々とつながっているゆるいメンター・メンティー関係にあった相手だった。そのときのケビンは問題をかかえており、アドバイスを求めていた。職場環境が非常に悪く退職を考えていたが、在職期間が二年にも満たないため、転職のネックになるのではないかと懸念していたのだ。

「ケビン、話を聞いた限りでは、問題は特定の人物ではなく、カルチャーにあると思う」私は言った。「あなたはこの会社のカルチャーと合わないようだから、社員としてどうするかを選択するべきね」

ケビンは咳払いをした。「あの、あなたならどうされますか？」

「そうね、普通なら、次の仕事が決まるまでは退職しないように言う。でも、あなたの場合は、これ以上状況が悪くならないうちに、すぐにでも退職したほうがいいと思う。こういうことって、往々にして人を蝕んでいくものだから」

「わかりました」それから、ケビンが尋ねた。「つまり、私が状況を変えるのは無理だということですね？」

「あなたは、自分がコントロールできないことではなく、できることに目を向けるべきだと思う。状況を改善しようとする取り組みには関心がないと、上司からはっきり言われたのでしょう？　そうしたら、あなたに**できること**は何だと思う？」

セーフティネットなしで飛び出す危険を承知しながらも、私はケビンに一歩踏み出すよう勧めた。ケビンは自分たち夫婦にはある程度の貯蓄があると言っていた。彼は優秀で意欲的だった上、**おそろしいほど不健全な職場環境に留まるよりも、リスクをとる（不安定な状態になる）ことで得るもののほうが大きい**のは明白だった。ケビンは私のアドバイスに従った。不安だったろう。実際、新しい仕事が見つかるまで時間を要した。しかし、ひとたび活躍の場を得たケビンはまたたく間に頭角を現し、今ではフェイスブックの消費者マーケティング部門の責任者になっている。リスクをとったことで精神的にも仕事の上でも自由になり、自分の思うままにより大きな成果を上げられるようになったのだ。

2017年にフェイスブックで仕事を始める直前に、ケビンが再び連絡をくれた。彼にとって大きな転機であり、40代の人間がフェイスブックの若きテクノロジーエリートたちにどう接するべきかを相談したいというのだ。「最初の週に、チームに対してメインとなるプロジェクトを提示することになっています」ケビンは言った。「適切な第一印象を与えたいと思っています。それに、上司にも能力をアピールしたい。どうすればいいでしょう？」

私は微笑んだ。日本で最初のプレゼンテーションに臨んだときの私と同じだった――自分たちのニーズを訴えようとしている、文化的背景の異なる人でいっぱいの会場で、ポジティブな印象を与えて良好な関係を築こうとしていたときの自分と。

「相手に刺さるメッセージが必要ね。ミレニアル世代は目的を重視するのは知っているでしょう？　プロジェクトの内容に終始するのではなく、なぜそれが重要なのかを説明したほうがいい」私は答えた。「サーバントリーダーシップを考えてはどう？　**自分を良く見せることでなく、チームが仕事をしやすくなるよう考えるほうがいいと思う。みんなに手を貸すという仕事の仕方をするの。1カ月もすれば、あなたなしで仕事がまわっていたのが不思議だとさえ思ってくれるようになるでしょう**」

ケビンが私のアドバイスを実践しうまくいったと聞いて、私も嬉しかった。これは、何年も前にカート・ガツデンという重役から私自身が受けたアドバイスだった。カートは私が初めてフルタイムで重役補佐の仕事についたときからのメンターだ。当時の上司はデビッド・トーマスというＩＢＭの北米事業の責任者だった。私はあと一歩で重役になれるステージまできており、同じアフリカ系アメリカ人だったカートは、人種的マイノリティであり女性でもある重役候補ということで私に目をかけてくれていた。彼は私を面談に呼び、私の成功を望んでいると伝えてきた。

「きみは重役補佐だ」カートは言った。「つまり、きみの仕事は上司を良く見せることだ。他の重役補佐は自分を良く見せることに躍起になっているが、きみが頭一つ抜けたいなら、きみなしでは仕事がまわらないと上司に思わせることだ」

わかりました。どうすればいいかわかっています。しかし、カートが伝えたかったのは、これだけではなかった。

「それから」カートは続けた。「自分の上司の直属の部下にとって良いパートナーになることも、考えてほしい。だって、そうだろう。次の上司がそのうちの一人である可能性は高い。彼らは、きみと同じ職位の人間のことをよく見ている。そして、空きポジションが出た際に求めるのは、替えのきかない優秀なチームプレイヤーだ」

大きな気づきの瞬間だった。それ以来、何をするにもサーバント精神を心がけた。これが奏功しなかったためしはない。実際、私を初めての重役ポジションにつけてくれたロビン・スターンバーグは、デビッド・トーマスの部下だった。このときのアドバイスが、今回はケビンの役に立ったというわけだ。

◆

本書の執筆を開始する少し前に、ランチを一緒にした女性重役から、自分と同格の男性との間の報酬差を理由に現職を辞そうと考えていると打ち明けられた。

「あなたが報酬を上げてほしいと望んでいることを、会社はわかっているの？」私は尋ねた。頭の中にあったのは、ＩＢＭ時代のスキップレベル面談で、昇進のためであれば転勤も辞さない意向が上司の上司には伝わっていなかったと判明した一件だった。

「もちろん、わかっている」彼女は言った。「毎年、業績考課の際に伝えているもの」

「それ以外のときは？」

「いいえ。そういう話にはならないから」

「いい？　ふさわしい対価は勝ちとらなければならないの」私は告げた。「年度末のレビューでは、誰しもがこぞって昇給を要求する。それは普通の発言だから、あなたにとって特段の意味があるとはおそらく考えてもらえない。自分の要求にきちんと目を向けさせなければ。報酬を上げてもらえれば、今の仕事を続けてもいいと思っている？」

「そうね、続けると思う」彼女は答えた。

「それなら、辞めてはいけない。報酬についてもう一度会社と話すべき」

このアドバイスは、ハンデを背負っている多くの同士には思いあたるところが非常に大きいのではないだろうか？ **価値を示せ、細かいルールに沿って動かなければ成功できないと言われてきたため、自分が考慮されないのはスキルや能力が足りないからだと考えるようになる。それが正しい場合もあり、そのときは他に活躍の場を求める必要がある。しかし、望みが叶わないのは、要求する相手をまちがえているのが原因の場合もある。**黙っていては、気づいてすらもらえない。夢やゴールについて話すのは容易ではない。コメントや批判を受け、傷つく可能性もある。しかしときには、大胆に実行しなければならないこともある。最低でも、今の自分が手にできるのが何かがわかり、次のステップを計画できる。

◆

大胆で思い出したのだが、私が名づけ親になったクリスタルという女性が、数年前にキャリアプランを相談してきた。クリスタルは保育施設を経営したいと考えていた。教師の経験があり、MBAを取得していた。そこで、保育施設で働いて運営のノウハウを学ぶようアドバイスした。すぐに彼女は求人に応募したが、数カ月経っても仕事は見つからなかった。

「何が問題なの？」私は尋ねた。

「教師の経験ならあるから、教える仕事に興味はないの。副施設長の職を探しているのだけれど、声がかからない。もう一度教師をやり直したほうがいいと思う？　そうしたら仕事が見つかるかな？」

「そうじゃないと思う。あなたなら、副施設長は最低ラインの職のはず」私は言った。

「じゃあ……施設長の仕事に応募するのがいいのかな？」

ほどなくして、クリスタルは施設長として採用された。私は誇らしかった。結局のところ、教師の経験があるMBA取得者のため、副施設長の職では役不足だと思われたようだった。

このポイントについては、著しい性差があるように思う。ほとんどの女性は要件をすべて満たしている自信がない限り求人に応募しないが、男性はとりあえずやってみる。つまり、何社からも不合格とされたクリスタルが、自分には能力が不足していると考えて求める仕事のランクを下げる代わりに、より高いレベルにチャレンジしてみたのには、おおいに勇気づけられ刺激を受けた。**リスクが大きいように思えるかもしれないが、自分のコアスキルや関連する経験で勝負し、不足分は業務をしながら埋めていくのに、何の問題もない。**

セーラ・マドセン・ミラーは、アドバイスをしてやってほしいと紹介された、旧友の友人だ。何年も前に一度コーヒーを飲みながら相談にのって以来、ときおり会っては具体的な相談をされるようになった。

セーラは賞に輝いた経験もあるクリエイティブ制作会社を経営しており、ホームグラウンドであるダラス以外にも仕事の範囲を広げたいと考えていた。知名度を上げ、地域内においても全国的にも人脈を広げ、企業の役員なども務めたいと思っていた。

「どれも経験していないのに、最終的にすべて実現するにはどうしたらいいのでしょうか？」セーラは尋ねた。「自分の評判をゼロから構築する方法を知りたいのです」

「難しい質問ね」私は言った。「もっと名前を売るべき。そうすれば、あなたの現状でなく、あなたの目指している姿があなたなのだと思ってもらえるから」

私はセーラに野心的になるよう（実現するまではできるふりをして、計算したリスクをとるよう）アドバイスした。まず、リンクトインのプロフィールでダラス以外での実績を強調し、さらに書籍を出版しローカルメディアに取り上げられる。最後に、会社を拡大して、役員を探している企業の目にとまりやすくするようにとアドバイスした。その結果、現在セーラはコットンボウル・クラシックの理事を務めており、別の取締役ポジションについても検討中である。

そうしない理由はないだろう。**成功にはリスクがつきものだ——望みを口にする胆力、ゴールに到達するため必要なサポートを依頼することで生じる弱さ、チャンスを目にしたときにとびこんでいく気力。**

やってみたときの最悪のシナリオは何だろうか？　それを受容できるのか？

ここにもう一つ質問を加える。**リスクをとらなかった場合の結果は受容できるのか？**

そういった例は枚挙にいとまがない——一歩を踏みだす勇気がないために、耐えがたい状況下に留まる人は多い。特に女性と人種的マイノリティは職場で偏見や差別にさらされることが多いが、容認する必要はない。計算ずくでリスクをとって回避することも可能なはずだ。

最近、義理の息子から、知り合いの役所勤務の女性の話を聞いた。その女性は、自分の給与が同じ職種の男性同僚の半分であることを知っていた。上司に談判したところ、こう言われたそうだ。「きみは女性で、子どももすでに成人している。だから、きみの報酬は妥当だと思っている」胸の悪くなるような話だが、私は驚かなかった。驚いたのはこの女性の対応だった。彼女は退職せず、その職場に留まったのだ。しかし、この女性は例外ではない。２０１９年３月に『フィナンシャル・タイムズ』が、スイスの金融機関ＵＢＳが産休を取得した女性を懲罰対象にしてきたと報じた。「この資産管理会社に所属する10人以上の女性が、子育てのために休暇を取得した際に受けた対応について苦情を申し立てている。彼女たちの多くは、ボーナスの30％以上を減額された」このケースもまた、ありふれた話だ。しかし、女性社員が退職しなかった事実はショッキングだ。なぜ、そうなるのだろうか？

もし同僚と気脈を通じて改善を要求するために動くのが目的であれば、留まるのもうなずける。**しかし、漠たる怖れが不公平なダイナミクスや健全ではない職場環境に留まる理由なら、それは考え直すべきではないだろうか？** リスクと見返りは表裏一体なのだ。

軽々しくこんなことを口にしているつもりはない。前進やチャンス、生涯収入のポテンシャルが差別と偏見に阻まれていることに気づいたときに、どのような気持ちになるか、私にはよくわかる。私がＩＢＭに存在するガラスの天井に気づいたのは、ひたすら前だけを見て進み、会社に貢献して、Ｃのつく役職に手を届かせることに、高校以来の長い年月を費やした後だった。昇進の道が閉ざされたとき、私はおそるおそる自分に尋ねた。「退職するつもり？」ＩＢＭの力学（昇進はどのように決まり、ポジションがどうやってつくられるか）は理解していた。私がスキルを磨いたのはこの会社だった。人脈のすべても、友人関係のベースもＩＢＭだった。母船を降りるのは勇気がいる。しかし、限界は明確に見えていた。ＩＢＭではキャリアのゴールに到達できない。私は母鳥に巣を追い出されたヒナになったような気がした。会社を去る以外の選択肢はなかった。だから、私は飛び立つ準備をした。

ＩＢＭを辞める決心がついたとき、自問自答の内容が「どこへ行こうか？」に変わった。自分のキャリアゴールに向かわせてくれる仕事であるのは必須だった。さらに私は一家の大黒柱だったため、転職中も家族を養う必要があった。責任の重さは理解していたが、同時に外部のチャンスに目を向ける機会を得て、心が躍っていた。私がみなさんに理解してもらいたいのもこれである。みなさんは優秀で、才能もスキルもある。ありとあらゆる成功のチャンスが与えられてしかるべきである。**何らかの原因で正当な報酬や機会を与えられないなら、リスクをとって他をあたる勇気をもってほしい。**

第35章 人生設計入門

人生は途方もなく長い。永遠でないのも確かだろうが、現在20代の者が健康的で目的意識のある生活を送れば、この時点から先70～90年は生きることになるだろう。[参考文献15] 平均的なアメリカのビジネスパーソンが世界に爪痕を残せる時間が25～30年しかない時代は終わった。仕事を50年以上続け、70年にわたる結婚生活をおくることになる可能性もある。そのことも考えてみてほしい。

言い換えると、全人生をただちに決定する必要は（幸運にも）ない。何かを試し、犯したまちがいから学ぶ時間がしっかりある。また、ティーンエイジャーの私が描いたほどアグレッシブな人生設計は必須ではない。若くして結婚し子どもをもうけたのは、私にとってはよかったと思っている。キャリアをロケットスタートさせたのも悪くない考えだった――私の情熱だった。しかし、人によって情熱を燃やす対象もゴールも違う。スケジュールも人それぞれだ。それを曲げてはならない。今すべきは方向性（自分が目指したいもの）を選び、そこに向かって歩き始めることだ。

緻密に計画するタイプではなかったとしても、これから紹介する方法を試してみてほしい。誰に遠慮することなく野心をもつための、ささやかな人生設計入門だ。本章では、大学を卒業する頃からの人生設計にあたって、ベストなアドバイスを凝縮版で紹介する。ある種のカンニングペーパーとして、今後の人生をとおして役立ててもらえたら嬉しい。

■人生設計：全体像

大学の専攻を選択するタイミングであれ、卒業間近であれ、進路変更を考えているときであれ、前もって計画すべき重要な領域が5つある。どの領域に注力するかは自分で決めてほしい。該当するものだけを選びとってもよく、5領域すべてに対して準備しておいてもいい。

・最初の就職
・結婚またはパートナーとの生活
・キャリア計画
・子どもをもつプラン
・長期的な人生計画

関心のある領域を選択し、自分ならではの計画を始めるのだ。

■最初の就職

社会人としての第一歩について、どこで働きたいのか？　どうやって、その場で職を得ればいいのか？

■職種の選択

初めての就職では、自分の目的に合致する業界や職種、分野、勤務地、企業を選ぶべきである。

業界を選定するときは、成長性を重視するようお勧めする。成長途中にある分野には仕事も多く、チャンスにも昇進機会にも事欠かない。反対に、縮小傾向にある、または停滞している業界は、空きポジションを見つけるのも留まるのも難しく、まして昇進する機会はほとんどないだろう。

※注記：「自分の夢を追うべきだ」とする役に立たないアドバイスは、この時点では却って足手まといだ。たとえば、素晴らしい美術作品や音楽の制作に携わりたいと夢見る者は多い。しかし、そういった業界の仕事はなかなか見つかるものではなく、トップに立つのはなおさら困難だ。したがって、この道に進むなら、トップ10％にはいる実績をあげなければ、食べていくのもおぼつかない。成長中の業界であれば、高給が約束され

る仕事はもっと多いはずであり、空いた時間で自分の夢を追うことも可能だ。

業界にこだわりがない場合は、職種を軸に考えてみてはどうだろう？　たとえばマーケティング職を希望しているとする。ＦＭＣＧ業界ならば、マーケティングは花形職種であるから募集も多いはずだ。金融業界にもマーケティングはあるが、中枢部門ではない。希望職種が脇役ではなく主役となる業界を選ぶといい。職種を決めきれていないなら、興味をひかれる仕事をしている人を見つけ、仕事の内容や業界動向をヒアリングし、アドバイスを求めるといい。自分に合う職種を見つけるのに、この方法はなかなか有用ではないかと思う。

勤務地については、重視する人も、意に介さない人もいるだろう。気にするなら、勤務地というフィルターをとおして業界や職種を検討するといい。ターゲットとするエリアで昔からあるのはどの業界であり、成長性の最も高い職種は何か？　たとえば、転居を望まないワイオミング在住者は、製薬業界を目指すべきではない。鉱業や不動産業を考えるべきだ。

勤務地にこだわりがないなら、転勤に関する考え方の棚卸しをするといい。受容できる場所、時期、頻度を把握する。全米または世界で展開している大企業で働くなら、転勤を繰り返す覚悟が必要だ。勤務地はどこでもいいのか、もしくはいったん移住してしまえば転勤せずとも昇進機会に事欠かない特定のエリア（テクノロジー系ならばシリコンバレー、金融系ならニューヨーク、石油・ガスであればヒューストン）への転居であればいいのか。業界を決め、職種と勤務地を絞りこめば、応募する企業を決定するのは比較的容易になる。各企業をスクリーニングし、自身の価値観に合致するものを選ぶ。カルチャーのどの箇所がフィットし、どこを身につける必要があるか？　その答えが出たとき、ターゲットすべき企業が決まる。

■仕事を見つける方法

このポイントだけで一冊の書籍が書けるが、ここでは概略だけお伝えする。**自身の人脈を活用し、求人情報に目をとおし、ボランティアをするといい。**

人は誰もが自身の人脈をもち、他者の人脈を利用することができる。人脈とは知り合い全般を指すと思っていい。隣人や友人、親戚、同じ宗教の信者、スポーツや趣味の仲間などが該当する。広義の友人や親戚と解しても構わない。また、自身の人脈に、自分が必要としているサポートをしてくれる知り合いを紹介してくれるよう頼むこともできるはずだ。それが、他者の人脈を利用するということである。

自身の人脈を使うには、関心をもった企業に勤めている知り合いはいないかと尋ねればいい。大学を卒業したばかりであれば、人脈の中心は学校関係だろう。教授やアドバイザー、知り合いになったOBやOGに相談してみてはどうだろう？　学校の就職課を利用してもいい。それから、もう一つの人脈に目を向ける。家族や友人だ。親戚にも、サポートしてもらえそうな知人はいないか、尋ねてみてはどうか？　友人や友人の親御さんはどうだろうか？　まだ人脈づくりを真剣に考えていなくとも、何らかの人脈はできているはずだ。自分の夢と求めるサポートをきちんと伝えるのだ。

自分の知人に話をするとき、アドバイスを依頼するか、ターゲットとする業種や職種、企業に知り合いがいないか尋ねるようにするといい。次の質問は特に重要であり、私自身も折にふれ助けられている。「**参考になるお話を聞かせていただける方をご存じありませんか？**」こう尋ねることで、自身の人脈を活用するだけでなく、知人のネットワークをも活用できる。人はたいてい他者の役に立ちたいと考え、また人脈が広いとも思われたいものである。だから、依頼されれば熟慮してくれる。誰かを紹介してくれる可能性は高い。そして、このプロセスを繰り返すのだ。

次のステップは、**求人情報に目をとおして、**ジョブマーケットの状況を把握すること。通常、オンラインで見つけた求人にただ応募しても、はかばかしい結果は得られない。しかし、求人掲示板を閲覧して自分の求める仕事を明確化し、人脈を活用して紹介または推薦を受ければ、優先的に経歴書を見てもらえるだろう。

さらに、適切な求人が見つかるまで、**ボランティアをする**ことをお勧めする。キャリアを築きたいと考える領域でボランティアをすれば経験と人脈ができ、最終的に望む仕事につく際の強力な武器となる。もちろん、働きたいと思う企業自体でボランティアをする機会はないかもしれない。しかし、同じ領域の仕事はできる。たとえば、製薬会社のマーケティング部門で働きたいと考えていても、企業のマーケティング部門でエントリーレベルのボランティアを募集することはほぼない。しかし、NPOなどであればマーケティングのボランティアを募集しているところもあるだろう。そこで仕事をすれば経歴書に書ける経験を積むことができ、応募の際のアピールポイントになる。

フルタイムでボランティアできる人は限られているだろう。そこで、理想とする仕事が見つからなかった場合には、できる限り希望に近い職種、業界または勤務地の仕事を探す。最初の仕事を足がかりと考え、並行してボランティアをするのだ。現職のほうが転職先を探しやすいのは世の常だ。

■最初の仕事で成功する方法

就職したら、そこで実績を上げるよう努めたい。上昇志向の強さより、目下の仕事に注力し結果を出して得られる評判こそが、キャリアアップの力になる。つまり、**実績を伸ばし、評価を高めるのだ。**そして、ここが肝心だが、現職で結果をだすために、**ぬかりなく準備をすること。**おそらくは、ぬかりなく準備をすることが最初のゴールになるだろう。どうすれば上司が仕事をしやすくなるかを考える。サーバント精神（チームや上司をサポートすることを考える）で接するよう心がければ、数カ月もしないうちに欠かせない存在になれることだろう。次に、自分の仕事の経験者に相談する。仕事の内容にかかわらず、誰かが同じもしくは類似した経験をしているはずだ。そういう相手を探して、アドバイスを求めるのだ。

実績を伸ばすことで、現職においても将来のあらゆるポジションでも、財産となるスキルを身につけられる。30日、90日、180日計画を立案し、明確なゴールを設定する。達成することを求められているゴールと指標を上司に確認し、それを達成し超えるよう心がけよう。

最後に、**評価を高める。**これは何よりの資産となる。実績を上げることに始まり、効果的にそれを伝えることで完結する。伝える努力なくしては、何も伝わらない。たとえば、CEOとして部下の業務エリアを通る際には、気軽に声をかけるようにしている。単なる挨拶だが、挨拶を返すついでに業務内容を伝えたり問題の相談をもちかけたりしてくる人もいる。しかし目につくのは、最近の実績を手短に伝えてくるひと握りの人々だ。「絶好調です、シェリー。XYZ社の厄介な課題を解決したところです！」印象に残るが時間はまったくかからず、本人のやる気が伝わってくる。自分以上の宣伝部長はいない。せいぜい自分と自身のチームを宣伝するのだ。

成果を伝えるに加えて、チームプレイヤーであることは重要だ。同僚（彼らの強みと弱み、そして好き嫌い）を知るよう努めよう。良好なチームダイナミクスを構築するには、どうすればいいか？　部下が複数いても各自の仕事スタイルを把握し、適材を適所に配置しチームの目標を達成することは可能だ。一度身につければ、このスキルは長期的にキャリアの役に立つだろう。

■結婚かパートナーシップか

結婚やパートナーシップのあり方も時の流れと共に変わってきたが、現代でも大多数はパートナーと共に人生を歩みたいと考えていると思う。これが潜在的なゴールであるならば、どのような人物を相手に選ぶかは、慎重に考えてほしい。

■自分にふさわしい「全体像」を把握する

これも一冊の書籍になるトピックだが、ここでは次のように伝えたい。生涯の相手をイメージするには、自分自身を知らなければならない。人はさまざまな面がある。長所、短所、感情、性格、ハンディキャップ。すべてが組み合わさって、一人の人間となる。みなさんの現在の組み合わせは何だろうか？　補完関係になれるパートナーはどのような人物だろう？

最初に考えるべきは、**共通の性質**、つまりパートナーにもあってほしいと考える特質だ。たとえばスコッティと私は、人付き合いが好きで、近隣その他のコミュニティの一員として行動することを好んでいる。自身の長所であり、パートナーにもあってほしいと考える点は何だろうか？　一緒に経験したいのは？

それから、**補いあえる性質**だ。このポイントは若干の努力が必要かもしれない。私は自信満々に見えるかもしれないが、これまでずっとインポスター症候群に悩まされてきた。特に少女時代はその傾向が強かった。「実現するまではできるふりをする」が、長らく私のモットーだった。だから、自分が生涯を共にするパートナーには、自信をなくしかけたときに大丈夫だと言ってくれ、私の成功を喜んでくれる応援団になることを求めた。誰かのサポートを求める部分が何であるか、自身で考えてみてほしい。

性格にも同じことが言える。自分が内向的だったとしよう。自分の殻から出してくれるタイプの人物を好むだろうか？　それとも、自分だけのスペースをとらせてくれる相手を求めるだろうか？　自身の個性を批判してくれる人物が、最良のパートナーとは限らない。自分らしさと切っても切れない性質もあり、真にふさわしいパートナーならばそこを認めてくれるはずだ。

また、パートナーのスキルに注文がある人もいるだろう。私はと言えば、家事全般を一人で引き受けるつもりがなかったため、炊事と掃除のできない相手と結婚しようとは思わなかった。簡単な修理・修繕能力や、家計のやりくりその他のスキルを、パートナーに求めることもあるだろう。

最後に、しかし決して重要度の低くないポイントを挙げる。**将来設計の一致**だ。かなり先の将来をどう考えているか？　長い年月を一人の人物と共に生きるとするなら、将来設計が似ているほうがいい。人生の転機を迎えて別れを選ぶカップルは多い。子どもが生まれた直後や巣立ったとき、あるいはリタイアも契機になる。それはなぜか？　分岐点に立ったときに選ぶ道が違ってしまったのだと、私は思う。失意のどん底に落とされたように感じるだろう。パートナーとは長い歳月を共にするので、方向性が同じ相手を選ぶべきだ。

最終的に、これらの要素を合計した自分の全体像を俯瞰し、優先順位をつける。どれが自分にとって最も重要か？　すべての要素をもれなく備えた理想のパートナーに出会うことはまずない。だから、譲れない点は何か、妥協できるポイントはどれかを考えるのだ。パーフェクトな人間など存在しない。

■パートナー関係に対する期待値をすりあわせる

自分の人生に対して、どのような期待値を持っているか？　パートナーが自身の人生に対して考えている内容と同じだろうか？　人生に何を望み、それを実現するために何をしなければならないのか？　私にとって重要だったのは、スコッティが専業主夫として子どものそばにいてくれることだった。どうしても譲れないポイントだったため、合意できるまでは結婚を決めなかった。

パートナーとの関係性において、本質的な部分をすりあわせておくことは非常に重要だ。人生は些細な日常の積みかさねだ。自分はどのような家庭生活を望むのだろうか？　例として、**基本的な家事**を考えてみよう。誰が洗濯を担当し、夕食のしたくは誰がするのか？　請求書の処理はどちらがして、掃除は誰の役目か？　基本的だが、自分と他人とは考え方が大きく異なる可能性がある。共に人生を歩み始める前に話しあっておくことだ。これまでに誰が皿洗いをするかで揉めたことがあるなら、パートナーとは話をしておいたほうがいい。

言うまでもなく、**金銭**についても話しておくべきだ。金銭に関する力関係は変わっていくものであり、だからこそ家計の運営について思いこみは禁物だ。共同口座を持つのか、互いの収入に応じた金額を出しあうのか、それぞれが「担当」費用をもつのか。この点もすりあわせておきたい。

さらに、**キャリアに関する意思決定**についても話しておくべきだと思う——各自のキャリアゴールや達成計画だけでなく、二人の生活に影響がおよぶ際の意思決定をどうするかも決めておくといい。私は転勤が多く、またある時点からはスコッティのキャリアよりも私の仕事を優先することにしていた。私たち夫婦は、必要が生じるはるか前に、このタイミングを話しあって（計画さえして）いた。そのため、必要が生じた際にはすでに用意ができていた。

キャリアや家計同様、**家族としての行動計画**もカップルによって大きく違うだろう。これはパートナー関係上の大きなストレスにもなる。休暇にはどこへ行きたいのか？　家族が金銭的な支援や介護を必要とした際はどうするのか？　私の人生においては、親戚を含めた家族は大きな存在である。訪問しあうことも多く、私が出向くことになって（そして行きたいと思って）いる場も多い。核家族などで人数が少ない場合もあるだろうし、距離がある家族もあるだろう。自分たちの最適解を見つけておくといい。

最後になるが、**子どもをもつかもたないか**も話しあっておくべきだ。あなたとパートナーは子どもが欲しいのだろうか？　いつ、そして何人？　ステディな関係になる前に子どものことを考えておく人は多いが、5〜10年もすると子どもをもうけるかどうか、また子どものいる人生についての考え方の相違で別れるカップルも実に多い。

別れると言えば、**対立した際にどうするか**も話しておくといいと思う。意見の不一致は避けられない以上、そうなった際の対処についてもルールが必要だ。難しい状況にどう対応するかを、パートナーと協議しておくべきだ。一人になって考えるスペースが必要なのか？　解決策が見つかるまで、話しあうことを望むのか？　互いにとってベストなパターンを探しておくといいだろう。そうすれば、感情が爆発するのを最大限避けた上で、困難な状況に対処できる。

むろん、パートナー関係のダイナミクスや将来設計、期待値やゴールについての話しあいには、時間を要する。しかし、生涯を誰かと共にしようと考えているなら、二人で考えるだけでなく、自分だけでもこういった点について熟考しておくことをお勧めする。運命を感じる相手に出会った確信があるなら、二人の将来について相談を始めてしかるべきである。一緒に人生をつくっていく相談をするのは、とてつもなく楽しいので満喫してほしい。もし楽しいと感じられないならば、その相手との関係は考え直したほうがいいだろう。

■キャリア計画

キャリアの話に戻ろう。最初の仕事に慣れてきたあたりで、長期的なキャリアゴールの検討を始めるといい。キャリアマネジメントもまた、一冊の書籍になるトピックだが、つきつめれば、シンプルで実用的な方法にいきつくと思っている。

■計画を立案し、検証する

計画の立案は、**期限を定めたゴールの設定**から始まる。たとえば、私はＣＥＯになりたいと思った。そのためには、出世コースにのる必要があった。ＩＢＭでは、30歳になるまでに事業所または事業部のマネジャーになることを意味する。私と同じ計画をたてる必要はないが、次の10年そして中年期以降の人生に、何を望むかを決めるのは必須だ。何を達成したいのか？　どのような生活水準をイメージするのか？　将来の自分を思いうかべて、何をいつまでに達成したいかを書き出す。

次のステップで**自分のゴールを検証する**のも重要だ。思い描いた内容は実現可能なのか？期限は現実的か？　野心的でアグレッシブで難易度の高いゴール設定もおおいに結構だが、机上の空論であってはならない。30歳までに宇宙飛行士になるという夢を私が描いたとしたら、それは非現実的だと言わざるを得ない。科学を学んだことはないため学業からやり直さなければならず、その上で必要とされる経験を積むところまでを30歳になる前に終えるのは不可能だからだ。だから、興味をひかれた分野で何らかの経験をもつ人物を探し、自分のゴールと期限を伝えて妥当な計画であるかと尋ねてみることをお勧めする。そして、アドバイスに応じて調整する。

次に、**逆算するかたち**でゴールと期限を細分化する。私のケースでは、CEOになるという具体的な夢をもったところで、そのためには30代前半で重役のポストにつく必要があると判断した。すると、30歳になる前にシニアマネジャーにならなければいけない。中間目標をいくつか設定してから、再度現実性を検証する――本当に可能なのか？　家族をつくる時間や自己啓発、休暇など、キャリア以外にも重視する要素を忘れずに加味したい。

マイルストーンを設定したら、（簡単ではないものの）**計画実行の時間だ**――何年、場合によっては何十年を要するプロセスだ。**実行しながら調整する**のを忘れずに。人生は計画どおりにはいかないことも多い。柔軟性と打たれ強さは重要だ。ともかくゴールに向かって進んでいれば、それでよしとすること。

■人脈を築き、活用する

キャリアゴールを設定したら、まずは**周囲に自分のゴールを伝える**べきだ。上司、上司の上司、同僚、アドバイザー……ともかく例外なく知らせておく。自身の夢をオープンに語るのは、弱さにもつながるリスクがある――しかし、私はよく自問自答するのだが、最悪の場合は何が起こるというのだ？　それは受容できることか？　もしゴールを**伝えておかなかった**場合の結果は受容できるか？　望みを知らせておかなければ、周囲がサポートできるはずもない。

働き始めたらすぐに、いやその前からでも、**メンターを探して**もらいたい。そして私の手法を試してみてほしい。改まって依頼するのではなく、この人はと思った相手にシンプルにイエスかノーかで答えられる質問をし、首尾を報告するのだ。アドバイスをしやすくすることで、メンタリングのハードルが双方にとって低くなる。アドバイスを実行し結果報告というフォローアップをすれば、相手にしかるべく意識してもらえるようになる。相手のアドバイスが奏功すれば、自慢に思ってもらえる可能性もある。自分のレベルに合ったアドバイザーやメンターを、人生のあらゆる面に求めることをお勧めする。出会う人のほとんどに、何かしら教わるところはあるはずだ。また、自分も何かしら与えられるものをもっているはずだから、還元することを忘れないでほしい。

人脈を築き育むのは、生涯にわたるプロセスである。自分のライフスタイルの一部と考えることをお勧めする。知人が増えれば、つながりを現在進行形にしておくのがより困難になる。しかし、知り合いが多いほど、人生がいろどり豊かでおもしろいものになる。スコッティと私にとって、知り合った人々との連絡を絶やさないことは、自分たちのライフスタイルそのものだった。私は、定期的に集まってアマチュアグルメを楽しむディナークラブを、ベイエリアで立ち上げた——趣味と人脈づくりを兼ねたものだ。スコッティと私は年に2回ほどバレエかショーを観に行くが、二人で行くのでなく、大勢の友人を招く。実に50人ほどのグループになる。外出というよりイベントであり、大切な人々とのつながりをキープし、同じ時間を過ごすことで人脈をさらに強固にすることができる。当日出席できない者にもその相手を忘れていないとのメッセージが伝わるため、招待すること自体が人間関係の維持に役立つ。

キャリアゴールを設定し達成に向けて動く中で、最終兵器となるのは「人」である。一人で世界を相手にできる者はいない。人は手をさしのべたいと思うものだ。自分の夢や経験を周囲に伝えれば、得られるものは決して小さくはない。

■子どもをもつ

みなさんも自身の家族をもちたいと思う日がいずれ来るだろう。ここまでのアドバイスに従っていただけたなら、子どもをもつことについてもパートナーと話されただろう。パートナーがいなければ、独り親としてどうやっていこうかと考えをめぐらせたかもしれない。家族をもつということが現実味を帯びてきたら、いくつかの点についてもう少し深く考えてみてほしい。

■子どもをもつ前に

まず考えていただきたいこと（何人の子どもを、どのタイミングでもちたいかを決めた後）は、**保育費をどうするか**である。家庭ごとに状況は違うだろうが、大多数は保育費をしっかりと計画する必要があるはずだ。何が必要となるかを想定し、コストを調べてほしい。そして、子育て以外で節約をして費用を捻出する。スコッティと私は、保育費を最優先でとりわけ、他のもの（住居、車、娯楽など）は残ったお金でやりくりした。親が仕事に出ている間も子どもたちがきちんとケアされていることが、私たちにとって最も重要だったからだ。

ほとんどの親が、子どもにどのような**価値観や教育**、**人生経験**を与えようかと熟慮を重ねることと思う。この点は十人十色のはずである。ここでは、私の家族がどうしたかを紹介する。子どもが生まれる前から、スコッティと私は、自分たちの子どもには自活する能力と、自信、思いやりを身につけてほしいと決めていた。親として何かを決めなければならないときには、この3点を育むのに役立つかどうかを判断基準とした。また、教育を重視しようと考えた。私の両親のように、引っ越し先には可能な限りレベルの高い学区を選び、子どもたちにできるだけの環境を与えるようにした。そして、二人を大学まで行かせる学資を用意した。人生経験については、両親のいずれかが家庭にはいって子どもたちの生活にきちんとかかわるべきだと決め、そのためのトレードオフを受容した。また、キートンとケスリンには積極的にコミュニティに参加し、スポーツその他の課外活動をとおしてチームワークを身につけさせた。これだけではないが、私の言いたいことは伝わったと思う。自身の優先順位を明らかにすること。早いほどよく、子どもを授かる前でも構わない。その優先順位が、以降の決断をすべて導いてくれる。

■子どもが生まれたら

ひとたび親になれば、人生の多くは短期的な選択と決断の連続となる。この段階までには、自身が何を望み、どうやって達成するかは明確になっていて、実行に向けて歩き始めていると思う。本書の趣旨を鑑み、シンプルなアドバイスに留めておく。

必要なときには助けを借りることの重要性については、すでにお話しした。パートナーがいればパートナーのサポートや保育園に加えて、親戚や友人に協力を依頼したり、教会や支援グループの手を借りたりすることも考えてほしい。ある土曜日に集中して仕事をしたいので、子どもの面倒を見てくれる人が必要になったら、どうすればいいか？　子どものいる親戚や友人に頼めばいい。そして、彼らが助けを必要としたときに自分が手をさしのべる。できる限り前もって考えておき、必要なことを明確に頼むようにするといい。何をしてほしいかをはっきりと伝えれば、普通は喜んで応じてくれる。定期的に返礼していれば、なおさらだ（友人であれ家族であれ、利用されたと感じていい気持ちがする者などいない）。

みなさんや私のように多忙な人にとって、**存在感をなくさない**よう心がけるのは重要だ。スコッティと私には難しいことではなかった。子どもたちが小さかった頃にはまだスマートフォンは存在せず、「オールウェイズ・オン」の必要性は低かった。家族の時間と仕事の線引きをクリエイティブに考えてみてはどうだろうか。家族とほぼ定期的につながるにはどうすればいいかを事前に考えておくようお勧めする。特に、自分が約束を守る方法については熟考したい。家族とつながっていられることは、誰にとっても嬉しく、ありがたいことである。

逆に、「**自分時間**」を確保するのも重要だ。自分だけの時間が必要でない人はいない。どんなに多忙でも何とかなるはずだ。最初から「自分時間」の優先順位を高くしておくといい。パートナーがいれば、一緒に時間の捻出方法を検討してみてほしい。たとえば、週末には少しの朝寝坊をしたいと思うなら、土曜の朝食の用意をパートナーに引き受けてもらえないか話してみる。夕食のしたくをする、子どもたちが不在の際に自由時間をもらえるなどの見返りがあれば……となるかもしれない。独り親ならば、夜に子どもたちを預かってくれたり、泊めてくれたりする人を見つけて、代わりに頼みごとをきいてはどうか？

エクササイズやレッスンの間に子どもを預かってくれるジムも少なくない。子どもがある程度の年齢に達したら、お互いに「自分時間（一つ屋根の下にいても別々に過ごす時間）」を設けるのもいい。この習慣が定番になれば、誰にとってもメリットがあるはずだ。

■長期的な人生設計

他の計画を立てている間にも何かが起こるのが人生だ。人生を最大限楽しむには**ワーク・ライフ・インテグレーション**（バランスではなく、充実した日々をおくるための包括的アプローチ）がベストだと信じている。

私が仕事を始めた1980年代には、働く女性は男性のように振舞うよう求められた。

私はスーツにシルクのボウタイといった服装をし、実は家庭のある女性だという事実を隠そうと全力を尽くした。精神的に疲弊させられた。人間はそのようにはできていない。特定の時間に決まった機能がオンになるロボットではない。常に、全方位的に自分として生きているのだ。

では、ワーク・ライフ・インテグレーションを実践するにはどうしたらいいのか？　人によって答えは異なるだろう。一例を挙げれば、私は今でも、仕事中に子どもから着信があれば、可能な限り電話に出る。出られない場合も、至急の用件なら、すぐにかけ直すよう子どもたちと約束していて、二度目には必ず出ることにしている。このように、私は自分の家庭生活と仕事生活とをインテグレーションしてきた。実際に、メトリックストリームに加わったばかりで会社の資金が底をついていた時期に、私が社員のためにパーティを開きたいと言うと、スコッティはカリフォルニアまで来てバーベキューの手伝いをし、社員と交流をもってくれた。また私は、人とウォーキングしながら話すという手法で、軽いエクササイズと会話を統合することもあった。私たち夫婦は、趣味と人付き合いと慈善活動を統合し、サイプレス・マンデラ・トレーニング・センターのためのチャリティイベントとして、豚の丸焼きパーティを毎年行い、毎回10万ドル近い寄付金を集めている。

要点はこうだ。自分が幸福で自分らしく充実していられるには何が必要かを理解し、そのためのアクションを統合できるような人生設計をする。

人生とは、つりあった秤ではなく3本脚のスツールだと思う。家族と仕事とコミュニティという、支えあい強化しあう3本の脚だ。1本がぐらついても、他の2本がまっすぐに立たせてくれる。

インテグレーションされた人生設計を、文字どおりの意味で捉えてもらって構わない。人生設計は、自身のすべてを尊重するものである。努力を厭わなければ望みはすべて叶うと、私は固く信じている——ただし、何もかも同時というわけではない。私自身の人生をフェーズごとに見てみると、若い母親時代にはあまり旅行にも高級レストランにも行けなかったが、キャリアでは成功をおさめ、家族も健康だった。子どもたちが巣だった後は、スコッティと旅行を楽しみ、新たな経験をし、キャリアの幅も広がった。人生設計とはこういうものだ。何もかも納めるスペースはあるが、一度にすべては入らないだけだ。

人生設計の始めに、**指針とする価値観**を考えるといい。自分が重視するのはコミュニティや奉仕か？　家族か？　自分はクリエイティブなのか？　冒険を求めるか？　それとも、安定を必要とするか？　前例を尊重するタイプか？　軸となる価値観がわかれば、目指すべきゴールが見えてくる。追求したい経験や成果が決まったら、自分に聞いてみる。「達成するために取るべき、中心的なアクションは何だろう？」人生のあらゆる部分を包括的に機能させる方法は？　クリエイティブな課題解決能力を要するかもしれないが不可能ではない。人生は人それぞれで、自身の人生は自分が設計した冒険であるべきだ。

◆

ここで、最高の人生に向けてアドバイスをお伝えする。何をおいても、これを心に刻んでほしい。成功とは達成目標ではなく、継続的なプロセスである。何かを達成したら、どのようにささやかなものであっても、きちんと喜ぶべきだ。ゴールに到達したら、新たな目標を設定する。到達できなかった場合も、自分を責めてはいけない。何かを学び、計画を修正して、前進を続けること。自分の夢に向かって進んでさえいれば、毎日が成功だ。これを忘れないでほしい。

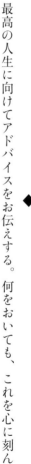

エピローグ

メトリックストリームを辞して一年後の２０１８年末に本書の執筆を終えた。ザップレットという名称の小規模なスタートアップは、14年の時を経て、私の期待すらはるかに超える企業へと躍進を遂げていた。業界トップとなったメトリックストリームは、新しいリーダーを迎えるべきときがきていた。そして、私も自分のキャリアのフェーズⅡをスタートする時期だと考えていた。

私がノースポイントのＣＭＯだった40歳手前の段階ですでにこの予定でいたとお伝えしても、驚かれないだろう。ただし、若かりし頃の計画（結婚、子育て、キャリアのマイルストーンが厳密に定められていた）とは、少々異なった。当初の予定では、フェーズⅡの計画にはかなりの柔軟性をもたせてあった。全身全霊で一つの会社に向き合う代わりに、役員やコンサルタント、執筆家、講演会の講師などを務めて、アドバイザー的役割を考えていた。そうすれば、世界中を旅してまわり、家族との生活（スコッティと私が共通して大切にしていたもの）を楽しむ時間や資金のゆとりができる。50歳の頃には、フェーズⅠ

Iに向けた地ならしを始めていたが、60歳、もしかしたら65歳まではフェーズIとして働くつもりでいた。タイミングに融通をきかせることさえ考慮された計画だった。「もしも」に備えるためだったが、その「もしも」が実際に起きてしまった。

定期健診での血液検査の結果に異常が認められたとき、スコッティのかかりつけ医からあわてないようにと言われた。そして、意義不明の単クローン性ガンマグロブリン血症（MGUS）の悪性率はさほど高くないが、一定の割合で癌化し、その場合は難治性であることも告げられた。しかし、経過を観察する必要はあるものの、可能性は小さいとの話だった。スコッティは頑健そのもの（体調は良好で、ジムでの運動を欠かさず、健康を絵に描いたような状態）だったため、不安を覚えることなく生活を続けた。

三年後の2010年になって、活力に溢れ見た目は変わらず健康だったスコッティが、難治性の血液癌との診断を受けた。余命は治療開始から五年。それより短いかもしれず、長いかもしれない。

私たちは呆然とした。しかし、それまでと同様に夫婦でとことん話しあった。広い視野でものを見る性分の私は、こう言った。「誰だっていつかは死ぬ。ただ、あなたの番は思っていたよりも早いかもしれないのがわかっただけ。できることは何でもやって、戦いぬきましょう」そしてこのとき、家族に宣言した。「私たちにとっては、却ってよかったと思うの。知っているでしょう？　何事にも良い面はあって、しっかり探さないと見つかりにくいこともあるというだけだと、私は信じている。今回の良い面は、ここからの生活が今までよりもすてきになるということ。できない人も多いけれど、私たち家族はこれから今を生きていく。これまで見送ってきたことをやっていくのよ」私が出世の階段を上っている間も家族で人生を謳歌してきたはずだが、100%そうだったわけではなかった。たとえば私は、タイミングを理由に有給休暇を取得せず、たまる一方だった。旅行や新しい経験なども「しかるべきとき」が来るまで先延ばしにしてきた。

私たちはまず、何をしただろうか？　三週間のアフリカ旅行だった。もっと先にすることもできたろう――もっと時間に余裕ができる、もしくは子どもたちの有給休暇日数がもう少し増えるまで。しかし、旅行と友人や家族に会うことが、私たちの優先事項になった。当時私はまだCEOの職にあったが、有給休暇をすべて取得するようになった。まず人生を楽しみ、闘病の優先順位はその次と考えた。

それから七年間というもの、私はメトリックストリームの仕事を続けながら、家族で人生を楽しむことに注力した。私の仕事とスコッティの治療を両立させるにあたっては、家族や友人が大きな支えとなった。事実、CEOの職を辞する覚悟を固めたときもあった。スコッティの死期が近いのを感じていた。化学療法が合わなかったため、食欲もなく、歩くこともままならなくなった。体重が20kg以上落ちて、重症だった。ようやく持ちなおしたときには免疫が低下していたため、手作り食以外を食べてはいけないとされた。私がスコッティに、「仕事を辞めようと思う」と告げたのは、このときだった。

スコッティは骨と皮ばかりに痩せた姿でベッドに横たわりながら、こう言った。「きみが辞めるなら、ぼくたちは癌のために生きることになる。それでは、ぼくが闘う意味がなくなる」

わかった。私は辞めてはいけない。では、どうすればいいだろう?

人生を一変させるような病気を診断されたとき、周囲に何も言わない人は多い。でも、誰にも知らせなかったら、どうやって必要なサポートを受けられるだろうか? 私たちはスコッティの病状を隠さなかった。だから、必要なときには誰かが手をさしのべてくれた。友人や家族に声をかけ、4~11月の間は家族の誰かしらが我が家にいてくれた。カレンダーには、スコッティの病院の送り迎えをしてくれる人の名前と対応可能な時間がぎっしりと書きこまれた。さらに、友人たちが食事当番カレンダーを作成して、食事を届けてくれるようになった。食事は手作りでなければならず、賛同者の多くはCEOなどの多忙な人々だった。単純にテイクアウトをオーダーするわけにはいかないことを、みんなが承知していた。それでも協力を申しでて、食事を届けてくれたのだ。しかもある週に限った話ではない。4カ月半にもわたってである。このような善意を受ける側にたってみて、感謝という言葉では、自分の気もちの一端すらも表現しきれないことがよくわかった。

その後もスコッティは一進一退を繰り返したが、2017年の春には末期であると宣告された。グロースキャピタルの資金調達ラウンドが終わって、メトリックストリームが安定した経営状況であるのがわかった。人生のフェーズⅠからⅡへと移行するのに、これ以上のタイミングはなかった。後任のCEOを探し、本書の執筆を始めるときだ。このような展開に柔軟に対応できるよう計画していたため、実行に移す用意は整っていた。フェーズⅡに、キャリアゴールに加えて、後悔を残さないというプライベートのゴールが加わった。

少し前に、私の祖母の105歳の誕生日を祝う集まりに参加するために、スコッティと私はアトランタのレストランまで出向いた。105歳。まったく素晴らしい。5世代の親族が集結した。私の両親も出席した。母は少々健康上の問題をかかえてはいたが、何事にも果敢に立ち向かう彼女はそんなことなどものともしなかった。父は変わらず人間的な魅力に溢れていた。ただし、小さな子どもたちとのレスリングに興じることはもうなかった。バンケットルームを見わたして私は胸がいっぱいになった――パーティに出席している世代、代々伝わるエンボス入りの聖書と奴隷からの解放を証する黄ばんだ書類に名前が記されている、その前の世代。

私のきょうだいはみんな、アイビーリーグの大学を卒業した。リンディは今ではフロリダ大学経営大学院の教授だ。ニキは菓子メーカーのマースで人事の上級ディレクターをしている。世の中ではレスターⅢでとおっている弟のアーチは、ＮＦＬ選手会のプレイヤー・ディレクターを務めている。

◆

子どもたちは、スコッティと私の自慢の種である。キートンは、青少年のためのＮＰＯで活躍した後、婚約者と共に暮らすニューヨークで、ジャガーノート・サービセズを立ち上げた。ケスリンには夫と三人の子どもがあり、現在はキャップジェミニで高い役職に就いている。私たちにとっての孫世代がどのように育っていくか、現時点では未知数だ。

祖母は誕生日パーティをおおいに楽しんだ。後日電話をした私に、祖母は繰り返し言った。「こんなに長生きして、子どもたちがみんな偉くなったのを見られるなんて、どれほど神さまに感謝してても足りないよ」祖母にとっては、幼い玄孫を含め自分より下の世代は全員が子どもたちだ。もちろん私たち夫婦も子どもだ。

祖母が長い人生を生きるうちに、何もかもが変わってきた。今日の私たちを育むために祖母がしてきた苦労の中には、私には最後まで知らせることのないものもあったものと思う。祖母はいつでも私たちの可能性を信じてくれた。その気持ちとたゆまぬ努力で、祖母は20世紀初頭の黒人女性にはまったく不可能と思われたであろうことを、成し遂げてきた。祖母と母のメラは、私たちにハンディキャップを言い訳にはさせなかった。何があろうとも全力を尽くすよう、子どもたちの背中を押してくれた。

母と祖母がつくりあげた我が家の伝統を頭にうかべると、私も自分が何を残すかについて考えるようになった。それは何だろうか？　あまりにもシンプルで、陳腐にすら聞こえるかもしれないが、私は次世代に刺激を与え、世界にポジティブな影響を与えたい。前進し続けるために、再び立ちあがるために、そして励ましを必要とする人がいる限り、私は手をさしのべたい。それが、私がこれからも続けたいことだ。自分の心の中にあるものを含めた障壁を乗り越え、常に向上心を忘れないでいようとする人を鼓舞する。女性が、人種的マイノリティが、いや成功と幸福を求める人すべてが望みを叶えるのを、もっと見たい。不可能に手を伸ばしつかみとるための武器とインスピレーションを、みんなに与えたい。

先日、大きな会議で女性とリーダーシップについて講演した直後に会場を出ようとして、後ろからついてくるハイヒールの足音に気づいた。私が振り返ると、息を切らした女性が近づいてきた。「講演をお聞きしました。おうかがいできて光栄だったと、どうしてもお伝えしたいと思いました。あなたのご意見には説得力があって、ビジネス界の実情がはっきりとわかりました。女性や有色人種にとってのビジネス界の現実を、勇気をもってお伝えいただいてありがとうございます。たいていはぼかした表現でお茶を濁すのですが、あなたはそうなさらなかった。お話をうかがって、人生が変わりました!」

フィードバックに感謝してから、リフトで呼んだ車に乗りこみ、スピードダイヤルでスコッティに電話して、夕食の用意(私は料理が好きで、この頃は充分な時間があった)ができる時刻に帰宅できそうだと告げた。電話を切った私の顔に、満足した心からの笑みがゆっくりと広がっていった。シートに深々と身体を預けると、春の午後の美しい風景が車窓を流れていくのを、満ち足りた気持ちで眺めた。このとき、すべてが生命を謳歌しようとしているように思えた。木々は芽吹いたばかりの新芽でいっぱいになっており、枝の間からさしこむ光がやわらかなピンクや白、オレンジに彩られた低木を照らしている。車が動いて人々が景色の中へと消える中、私はしばしフェーズⅡについて思いをめぐらせた。そのときの状況は自分の望みどおりだった。私は、「オールウェイズ・オン」を要求されるCEOの職を退いて、いくつかの企業・団体の役員や顧問を務めていた。35年以上もの期間、こんなに余裕があったことはなかった。自分の経験や学びを伝え、講演や執筆をし、夫や家族と過ごす時間をとれたことは。

もの思いにふけっていた私は、ｉＰｈｏｎｅの着信音（三人の孫からのフェイスタイムだった）で我に返った。

「ミミ！　ミミ！　どこにいるの？」孫たちがいつものように叫んでいる。

私は言った。「もうすぐ帰るから……」

第17章　委任する

10 U.S. Department of Labor, Bureau of Labor Statistics, Charts by Topic: Household Activities, "American Time Use Survey," Bureau of Labor Statistics, 2015.

11 Leah Ruppanner, "We Can Reduce Gender Inequality in Housework—Here's How," The Conversation, May 29, 2016, accessed October 24, 2017, https://theconversation.com/we-can-we-reduce-gender-inequality-in-housework-heres-how-58130.

第21章　望みは伝える

12 LeanIn.org and McKinsey & Company, Women in the Workplace 2016, McKinsey & Company, 2016.

13 Hannah Riley Bowles, Linda Babcock, and Lei Lai, "Social Incentives for Gender Differences in the Propensity to Initiate Negotiations: Sometimes It Does Hurt to Ask," Organizational Behavior and Human Decision Processes 103, no. 1 (2007): 84–103, doi:10.1016/j.obhdp.2006.09.001.

第32章　人脈の構築

14 I.J. Hetty van Emmerik, Martin C. Euwema, Myrthe Geschiere, and Marieke F.A.G. Schouten, "Networking Your Way through the Organization; Gender Differences in the Relationship between Network Participation and Career Satisfaction," Women in Management Review 21, no. 1 (2006): 54–66, doi:10.1108/09649420610643411.

第35章　人生設計入門

15 Hannah Devlin, "Maximum Human Lifespan Could Far Exceed 115 Years — New Research," Guardian, June 28, 2017, accessed October 24, 2017, https://www.theguardian.com/science/2017/jun/28/maximum-human-lifespan-new-research-mortality.

●この日本語版は、原著者の了解を得て、原書の次の部分を省略しています。
原書 PART1 第 6 章（本書第 5 章と第 6 章の間）
原書 PART2 第 10 章（本書第 8 章と第 9 章の間）
原書 PART3 第 21 章（本書第 18 章と第 19 章の間）
原書 PART4 第 29 章（本書第 25 章と第 26 章の間）
献辞、謝辞

●省略された内容は、以下のサイトにて読むことができます。
https://www.alc.co.jp/entry/7021048

●著者ウェブサイト
https://shellye.com/

参考文献

第2章　インポスター症候群への意識

1 Lin Bian, Sarah-Jane Leslie, and Andrei Cimpian, "Gender Stereotypes About Intellectual Ability Emerge Early and Influence Children's Interests," Science 355, no. 6323 (2017): 389–91, doi:10.1126/science.aah6524.

2 Clark McKown and Rhona S. Weinstein, "The Development and Consequences of Stereotype Consciousness in Middle Childhood," Child Development 74, no. 2 (2003): 498–515, doi:10.1111/1467-8624.7402012.

3 Clark McKown and Michael J. Strambler, "Developmental Antecedents and Social and Academic Consequences of Stereotype-Consciousness in Middle Childhood," Child Development 80, no. 6 (2009): 1643–59, doi:10.1111/j.1467-8624.2009.01359.x.

第8章　要領をつかむ

4 Janice M. McCabe, Connecting in College: How Friendship Networks Matter for Academic and Social Success (Chicago: University of Chicago Press, 2016).

第9章　360度、戦略的になる

5 Emerging Technology from the ArXiv, "First Evidence That Online Dating Is Changing the Nature of Society," MIT Technology Review, October 10, 2017, accessed October 24, 2017, https://www.technologyreview.com/s/609091/first-evidence-that-online-dating-is-changing-the-nature-of-society/.

6 "Fact Sheet: The Decline in U.S. Fertility," in World Population Data Sheet 2012 (Washington, DC: Population Reference Bureau, 2012), accessed October 24, 2017, https://www.prb.org/resources/the-decline-in-u-s-fertility/)

第10章　自己決定力を育てる

7 Richard M. Ryan and Edward L. Deci, "Self-Determination Theory and the Facilitation of Intrinsic Motivation, Social Development, and Well-Being," American Psychologist 55, no. 1 (January 2000): 68–78, doi:10.1037//0003-066x.55.1.68.

第12章　評判の獲得

8 Matthew Hutson and Tori Rodriguez, "Dress for Success: How Clothes Influence Our Performance," Scientific American, January 01, 2016, accessed October 24, 2017, https://www.scientificamerican.com/article/dress-for-success-how-clothes-influence-our-performance/.

9 Rob Buckley, "Why the Education Sector Is Ripe for Digital Disruption," I-CIO, January 2015, accessed October 24, 2017, http://www.i-cio.com/management/insight/item/why-education-sector-is-ripe-for-digital-disruption.

シェリー・アーシャンボー（Shellye Archambeau）

IBMで約15年間キャリアを積んだ後、ソフトウェア会社メトリックストリームのCEOなどを経て、現在はベライゾン、ノードストローム、ローパーテクノロジーズ、オクタの役員を務める。2013年にビジネスインサイダー「IT分野で影響力のあるアフリカ系アメリカ人」ランキングの2位に、2015年にニュースマックス「アメリカで最も影響力のある100人のビジネスリーダー」の一人に選出されている。

久木みほ（ひさき・みほ）

1966年、名古屋市生まれ。1990年、イリノイ大学シカゴ校経営大学院修了。外資系広告代理店およびメーカーのマーケティング部門勤務を経て、マーケティングコンサルタント・翻訳通訳者として独立。幅広い業種での実務経験を活かし、主に中小企業のマーケティング活動や部門立ち上げサポートを行いながら、産業・ビジネス書翻訳に従事している。

AWAY GAME（アウェイ・ゲーム）

発行日	2021年12月20日（初版）
著者	シェリー・アーシャンボー
訳者	久木みほ
翻訳協力	株式会社トランネット（https://www.trannet.co.jp/）
編集	株式会社アルク出版編集部
装丁	金井久幸（TwoThree）
本文デザイン・DTP	藤 星夏（TwoThree）
印刷・製本	萩原印刷株式会社
発行者	天野智之
発行所	株式会社アルク
	〒102-0073 東京都千代田区九段北4-2-6　市ヶ谷ビル
Website	https://www.alc.co.jp/

落丁本、乱丁本は弊社にてお取り替えいたしております。
Web お問い合わせフォームにてご連絡ください。
https://www.alc.co.jp/inquiry/

PC：7021048　ISBN：978-4-7574-3934-4

はじめに

ビジネスから冠婚葬祭、ご近所づきあいまで、何かと使う機会の多い敬語。失礼のない円滑なコミュニケーションを進める上で欠かせない存在です。

日常生活において重要な役割を担う敬語ですが、「知識としてある程度知ってはいるが、しっかりと学んだことはない」「とっさの場面で適切な言葉が出てこなくて焦ったことがある」という人は多いのではないでしょうか。それもそのはず、生活に根ざした言葉づかいを本当の意味で習得するには、何度も使うことで覚えていくしかありません。頭の中でしっかりとシミュレーションをした上で、あとは実践あるのみなのです。

そこで本書では、できる限り普段の生活に近い形で敬語を習得できるように、シチュエーション別の会話文形式で頻出敬語を掲載しました。

シチュエーション
で学ぶおとなの
敬語
300

おとなの語彙力研究会 編

彩図社